时代见证·系列丛书

全球视野 中国立场

┌ 互联网新经济 ┐

── 2008—2018 ──

《时代周报》社·主编

SPM

南方出版传媒

广东人民出版社

·广州·

图书在版编目（CIP）数据

大重构：互联网新经济2008—2018 /《时代周报》社主编. —广州：
广东人民出版社，2018.11

ISBN 978-7-218-13115-3

Ⅰ.①大…　Ⅱ.①时…　Ⅲ.①网络经济—经济史—中国—2008-2018
Ⅳ.①F492-09

中国版本图书馆CIP数据核字（2018）第182913号

DA CHONGGOU
大 重 构

HULIANWANG XINJINGJI 2008—2018
互联网新经济2008—2018

《时代周报》社　主编

出 版 人：肖风华

策 划 人：孙　波
执行主编：吴　慧　谭　骥　曾向荣

责任编辑：梁　茵　陈泽航
责任技编：周　杰　吴彦斌

出版发行　广东人民出版社
地　　址：广州市大沙头四马路10号（邮政编码：510102）
电　　话：（020）83798714（总编室）
传　　真：（020）83780199
网　　址：http://www.gdpph.com
印　　刷：珠海市鹏腾宇印务有限公司
开　　本：787mm×1092mm　1/16
印　　张：18　　字　数：245千
版　　次：2018年11月第1版　2018年11月第1次印刷
定　　价：66.00元

如发现印装质量问题，影响阅读，请与出版社（020-83795749）联系调换。
售书热线：（020）83795240

序

李瀛寰

英国哲学家、社会学家赫伯特·斯宾塞说："进步不是什么事件，而是一种需要。"其实，进步就是人类的本能。

2007年，美国的乔布斯把手机当成人体的器官延伸，重新定义了手机。2008年，《时代周报》正式创刊，逢迎科技有史以来最革命的十年。

再回看二十年，1988年，中国通信巨头华为在深圳成立，此时仍位于北京中科院内的联想已经开始了计算机的生产制造。同一时间，远在太平洋彼岸的高通将其军用通信技术民用化，思科在离斯坦福大学不远的地方推出了路由器。

ISDN、宽带、2G/3G/4G，计算机以及通信网络所带来的基础建设给这个世界带来了翻天覆地的变化原动力。

历史上的每一次重大技术变革都对经济增长产生了巨大的推动作用，互联网技术作为"第三次工业革命"的核心，正在给人类社会的经济、政治、文化等领域带来前所未有的变革。

10亿人用微信、无人机的电商购物、无现金社会、社交网络、企业全面云计算、远程看病、大数据为你挑选最心仪的另一半、智能机器人……互联网、移动、智能，科技的力量正呈现出摧枯拉朽、颠覆一切的强大能量。马斯克将他的特斯拉电动车送上了天空，他还梦想着要实现火星移民。科幻作家在今天的现实面前恐怕也会想象力不在线。

移动、快速、泛在、互动、巨量的互联网时代，新技术带来新商业模式、新发展思维，颠覆就在瞬间。曾经站在手机行业巅峰的诺基亚王国的衰落仅用两年时间，曾经人人手里都拿着的柯达已经烟消云散。中国企业教父、联想集团创始人柳传志痛心疾首地称："稍不留心，就万劫不复"。而另一边，马云、马化腾、李彦宏、刘强东领军下的中国互联网不仅彻底改变了人们的生活习惯，更走向全球，成为世界经济发展的中坚力量。

过去的十年，更是中国科技企业全面崛起开始弯道超车的十年。华为已经跃升全球通信制造业第一，更在代表未来通信技术的5G领域引领国际标准发展；阿里的支付宝已经可以刷遍全球主要城市；百度的无人驾驶技术与百年汽车企业合作，给全世界送去了"中国速度"，成为人工智能行业的领先者。

在意大利米兰、法国巴黎的街头，来自中国的共享单车摩拜和ofo的橙黄自行车在阳光下闪耀。这些单车能一直存在吗？无人可知。但至少，它们曾经闪耀过。

曾经红极一时，也立刻销声匿迹。这就是科技行业在这十年中的变革万象。中国互联网企业乐视以生态化反带来科技产业思维的升级，还曾收购国外电视生产厂商。虽然最后乐视的故事画上了句号，但乐视留下的思考才更值得警醒。

本书收录的文章，是《时代周报》创刊10年来对整个科技行业技术变革以及中国科技产业发展变化的记录。与所有其他行业相比，科技产业变化最为迅速，人来人往、潮涨潮退的故事也更为触目惊心和发人深省。

《时代周报》的科技报道不只是记录当下发生的事实，而是借事实来挖掘变化背后的真相，是站在产业三十年发展视角上的深层思考和解读。

科技行业走到今天，有技术发展带来的底层推动、有国家产业政策对于网络建设的大战略节奏、更有新兴创业者在趋势之下的风口把控。根本来看，想真正了解科技产业变革，必须有技术和商业的双重洞察能力，《时代周报》做到了这一点。

互联网时代已经风起云涌，而未来20年，物理世界将与数字世界深度融合驱动进入大数据时代，以移动宽带、SDN、云计算、大数据、物联网创新技术为主的智能世界正在重构所有传统产业，引起第四次工业革命。

爱因斯坦说："科学的不朽荣誉，在于它通过对人类心灵的作用，克服了人们在自己面前和在自然界面前的不安全感。"发展科技，是人类的本能。机器人工厂、外星移民、人类的未来仍有太多想象空间，而且中国时代正在崛起，这是过去十年科技行业给我们留下的深刻印象。

CONTENTS 目 录

第一章

战略衍变

第二章

群雄逐鹿

第三章

苹果落地

第四章

伊卡洛斯

第五章

拥抱未来

第一章

战略衍变

　　1966年，斯坦福大学工商管理硕士丹尼尔·弗格森出任一家历史悠久的铜窗帘杆制造商的首席执行官。这家公司只有几种纺织设备产品，对未来并无明确战略。随后的30年中，这家公司完成了75次以上的并购，每一次都是按照弗格森在1967年制定的战略："基本业务制造成批系列产品，并卖给批发商，意在通过经营业绩和成套商品的市场杠杆作用促进公司业务增长。"

如今，这家公司产品品种丰富，并且很多看起来并无关联，但背后却是同一资源，那就是公司与折扣零售商的关系，大批量生产的服务能力，覆盖全国的服务点，有效的物流和规划商品销售。公司所拥有的资源决定了哪些业务可以开展，哪些业务不能插手。

上述案例来源于《哈佛商业评论》，在哈佛商学院中，像迈克尔·波特这样的顶级权威专家，便常年专注于研究战略思想。1965年，战略管理的鼻祖伊戈尔·安索夫《公司战略》一书首次出版，此前从事于军事战略相关工作的他明确宣称了自己的战略管理主张，他认为，战略管理目的是"发展一系列有实用价值的理论和程序，使经理人能用来经营，商业公司可以凭借这些实用的方法来做出战略决策"。

战略对于一家有志于长期经营的公司来讲不言而喻，而在中国互联网新经济发展的十年时间里面，可以看到，市场转变速度极快，规模庞大的巨型企业，需要进行战略级别的转变，从而获得新的增长动力。现今，无论是微信还是蚂蚁金服，都已经成为鲸鱼级企业的未来，但要做到这样的程度并不容易。

在这十年时间里面，互联网公司的改变非常巨大，比如腾讯，经历了千夫所指的诟病，架构的调整以及平台的开放；也如阿里，从单一的电商，到支付领域，再构建金融体系；还有百度，在掉队的危机时刻，李彦宏终于祭出了人工智能的方向，这些都让巨头们获得了新的发展动力。

柳传志临危受命

李瀛寰

> 作为联想的灵魂人物，柳传志无疑有着极强的号召力和凝聚力。2008年的联想遭遇了接连亏损，在危机时刻，柳传志取代了杨元庆的董事局主席之位，杨元庆则代替了美国人CEO威廉·阿梅里奥。柳传志在重新执掌联想过后，便大刀阔斧地对联想进行了一个改造。2018年，联想再度遭遇一次危机，这与当时的情况又有哪些相似之处？

2009年9月8号，已经注定是联想历史上最重要的一天。

联想控股与中国泛海集团正式宣布，中国泛海控股集团成为联想控股的第三大股东，持股29%。引入泛海后的联想控股将以投资为主要业务，向金融、能源、房地产行业拓展，联想控股计划在未来5年投资约100亿元人民币发展核心资产，而联想投资、弘毅投资、融科置地三大子公司及母公司联想控股将陆续上市。

联想控股以柳传志为核心的新五人董事会成员悉数亮相，在联想控股下属五大公司以及联想直投领军人的描述中，新联想的面貌清晰地呈现在公众面前。

❝ 引进泛海

自8月7日联想控股的大股东中国科学院国有资产经营有限责任公司（下称"国科控股"）挂牌转让29%的联想控股股份后，因对受让方条件的种种限定，外界就猜测国科控股或已选定买家，泛海接盘的可能性最大。

经过在北京产权交易所20天公示，中国泛海控股集团作为挂牌期产生的唯一符合条件的受让方，成为联想控股有限公司的第三大股东，交易价格为27.55亿元。

泛海集团董事长卢志强证实，是次交易属现金交易。

新闻发布会上，柳传志坦言自己与卢志强早就相识，对其行事作风非常了解，双方的合作几乎没有反复和质疑。"我们是在相识相知基础上的一见钟情。"卢志强说。柳传志随即幽默地补充："一拍即合吧。"

"卢总非常稳健，行事低调，说一句算一句，非常有诚信"，国科控股副董事长邓麦村说他在此前曾与卢志强有过一次长谈，由此，双方合作

柳传志（《时代周报》记者　郭杨　摄）

拉开序幕。

此次股权转让后，联想控股的股权结构为：国科控股占36%，仍为联想控股第一大股东，联想控股职工持股会占35%，中国泛海占29%。

事实上，这是一个三赢的合作。

对国科控股来说，"减持联想控股股份，获得27.55亿元资金，将用于中科院旗下其他企业的发展，推进科技成果的转移转化与产业化"，邓麦村如此表示。对于中国泛海的入股，卢志强说道："我们长期看好联想控股未来的发展，作为联想控股的战略投资者，这一举措也符合中国泛海的长远规划。"

而对联想控股来说，股权转让一事则意义重大。联想控股通过引入优质的社会资源，进一步完善了法人治理结构，充分地进行市场化运作。分析人士认为，联想控股此次调整，适应中国乃至全球的商业运作模式。

此次股权调整后，职工持股加上中国泛海的股份，已经使联想控股成为一家完全的民营企业。柳传志强调："联想集团在海外的一些招标，有时会被认为与中国政府关系密切，其国有股比例的降低将使联想少受一些影响，这一股权交易有益于联想集团在海外的品牌形象，而对于联想控股未来进行海外投资，也会大有帮助。"

引入第三大股东之后，联想控股新一届董事会由柳传志、邓麦村、曾茂朝、卢志强和朱立南五人组成，原董事长曾茂朝卸任，柳传志正式出任联想控股董事长兼总裁。

多元化投资

引入泛海，对联想控股的未来布局而言，是开局的一步，也是关键的一步。

中国泛海集团在金融、房地产、能源领域颇有建树。北京产权交易所的一位人士分析，泛海的资金也可以经由联想渠道进入实体投资。引入地产、金融领域的高手泛海集团，可以加速联想控股的多元化运作。而联想控股本身，经过八年的运作，此刻也蓄势待发。

由联想控股负责直接投资业务的常务副总裁吴亦兵带队的联想控股直投业务的亮相，是联想新战略中的一大重头戏。

据吴亦兵介绍，联想控股本部的主要任务是规划直辖五家核心子公司的战略和开展直投业务，总体战略和直投方面是进行总体融资和资金配备，对子公司进行资产配置以及协调子公司业务发展等。

对于联想控股的未来，柳传志明确表示："联想控股的战略布局初步完成，采用舰队模式，联想直投业务、联想投资和弘毅投资三个投资团队，投资范围覆盖企业成长的各个阶段，以最大范围地捕捉投资机会。"三块投资业务相互之间可以实现资源共享、"火力支持"。

"我们的愿景的第一阶段便是以上市为标志，子公司先上市，母公司联想控股随后。"对于上市地点，柳传志表示，最可能是香港。

▎联想新规划

按照新战略的规划，联想控股旗下五大子公司即联想集团、神州数码、联想投资、弘毅投资、融科置地整装待发，领军人物分别为杨元庆、郭为、朱立南、赵令欢、陈国栋。联想控股直投业务则由去年从麦肯锡空降的常务副总裁吴亦兵领军，由六大团队开展多元化业务。

柳传志认为，毫无疑问联想集团是联想系成长到今天的根本，联想控股的战略目标与联想集团的发展并不冲突，"今天离我们要成为世界上最领先的PC公司的追求还有距离，还有坎坷，但是已经为期不远了"。

2001年，在股价高位时期联想集团宣布拆分，初步形成了多个子公司的架构。2004年，收购IBM PC完成后，柳传志全身心投入联想控股的发展，关注联想投资、弘毅投资两大公司的成长。

今年2月，柳传志临危受命，回归联想集团并出任董事长，此刻，在柳传志看来，联想集团虽然投资还有一点亏损，但已经"非常稳健"，"都在我们的预想当中"。下一步，联想投资、联想直投、弘毅投资是柳传志关注的重点，他认为这才是联想未来的根基。《时代周报》记者明显感觉到柳传志对联想控股未来的深思熟虑，以及对公司人才建设的重视。

"投资人才与IT制造业人才的结合，将发挥巨大优势"，柳传志对联想控股的未来充满信心。

柳传志：联想已经想清楚了

在决定回归公众视线时，柳传志心中或许已经悄然画好蓝图。现在，联想控股的新战略蓝图清晰呈现，可谓大手笔的排兵布阵。历经锤炼的柳传志很沉稳，但他不论走到哪里，都是全场的焦点。

9月8日，柳传志接受了《时代周报》独家专访。

联想股权仍会有变化

时代周报：联想控股从国企转型为民营企业，我感觉你是经过深思熟虑的。在国际上做得比较成功的投资控股公司，比如新加坡的淡马锡，往往是国字号的企业。你为什么希望联想控股民营化？

柳传志：现在的国有公司进行大桩并购，主要是因为它们实力强劲，在国内处于垄断地位。而在国外恰恰相反，人们可能对一个国家行为的投资不如民营企业的行为更容易让人接受。包括联想集团，在业务开展过程中当年我们并购IBM时就遇到了磨难，要经过美国政府批准。如果是纯民营行为的话就没有这种障碍了。我认为，未来联想控股如果在国际上进行投资的话，民营化的背景会更有利。

时代周报：联想控股在战略转型过程中，有没有征求国资委的意见呢？

柳传志：泛海入股这件事情以前征求过国资委的意见，国资委很支持，我们才敢做。

时代周报：现在联想控股是35%、36%和29%的股权比例，未来是否还会进行调整？

柳传志：有可能还有变化，什么事情都不是一成不变的，包括中科院持有的股份，以及联想控股员工持有的股份，泛海方面我就不知道了，随着业务的发展，将来可能还有新的公众人士参股进来等等，我相信比例一定不会是一成不变的。控股公司的业务发展也会随着市场行情进行调整。

时代周报：像传统的业务Lenovo（联想集团）的业务会逐渐降低吗？

柳传志：要视情况而定，当Lenovo需要的时候，也有可能。比如说当Lenovo再经历一个什么挫折、股价很低的时候，控股可能是买入的。当Lenovo的股价很好，需要用它的资金做新的投入时有可能做新的卖出，完全是这样考虑的，不会把话定死了的。

时代周报：在你的规划中，推动联想控股上市是公司愿景的第一步，你预计联想控股何时上市，上市时的公司市值有多大？十年后联想控股的发展规模多大？

柳传志：上市时间表目前还不能说。公司上市时，应该比今天的市值增加一倍到两倍。十年后就不敢说了，因为环境的变化差异会很大的。我们能做的，是不仅把顺风顺水的事情想清楚，也把环境不利时期的事情以及最后的底线是什么想清楚。

时代周报：既然联想控股决定做一家伟大的公司，它的战略就不能是短期的，而应该更注重长远。在这个过程中，有些赚快钱的项目可能要舍弃，有些短期内没有回报的项目可能也必须投入。这会不会给你的经营业绩带来压力？

柳传志：联想控股主要的工作是资金的调配、资源的调配问题，会对短期、长期有兼顾的考虑。短期投入很快取得回报的事情也会做，长期项目也要做下去，甚至有的做了颗粒无收、有风险的事，没准我们也做。这要看整个盘子的运作，这些事情是控股的总裁室班子要积极讨论的，这是联想控股的一个重要工作。

时代周报：经历了此次席卷全球的金融危机，你对中国企业走出去有哪些看法和经验？你怎么评价联想集团对IBM的并购？

柳传志：不管有没有金融危机，中国企业走出去，一句话的经验就是，一定要把事情想清楚。想清楚出去的目的是什么，出去后能不能实现目标，过程中遇到的风险是什么，怎么应对这些风险。事情全想清楚后，就不会有太大问题。这次金融危机中，联想集团有两个多亿的亏损。但我和元庆都不紧张。因为这是我们应该想清楚范围内的事情。但是，如果我们没有想清楚的话，那就意味着灭顶之灾。

❝ 制造业与投资结合更有优势

时代周报：联想控股的常务副总裁吴亦兵是从麦肯锡空降过来的。在联想控股战略转型的过程中，联想的老人与新人无疑面临着一个磨合过程。

柳传志：是的。这里有一个核心价值观的认同问题，我们要通过开会、培训、具体问题的讨论，把价值观渗透到规章制度和行为作风里。比如，求实是联想核心价值观的一个重要内容。但什么是求实？麦肯锡和我们的看法可能会有不同。另外，联想的做事风格是要把每件事情都想清楚，但麦肯锡未必会一样。但这些要在工作中体现出来。大家在一起，复盘、交流，把每件事情拎出来讨论，连续做下来，很快就会磨合了。联想这么多年，开会从来没有人迟到，是因为有制度。迟到了，真被罚站了，那么大家就会知道了。这样，就会融入到联想团队中。当然，如果有人还是坚持自己的东西，那他就不适合在联想控股的团队。

时代周报：联想起家于IT行业，但近年来引进了赵令欢、吴亦兵这样的投资型专业人才。在向投资领域发展时，你觉得应该如何处理好IT背景和投资背景的关系？

柳传志：联想在所投资的领域，其实已经取得了很多的成绩，这些企业的成功，已经能说明问题了。有IT背景或者实业背景的人在做投资时，有优势，其实，我们所投资的企业能够迅速成长，实现增值，这与联想的IT背景有很大关系，在信息服务方面提供了很多帮助。联想有这样的具备制造业基本素质的人，做投资，这才行。如果没有这个基本素质，上来就做投资，根本就不懂。怎么帮那些所投资的企业？IT制造业的背景与所投资企业的背景结合在一起，这是很重要的。

❜ 为民族争光和社会责任感

时代周报：你比较推崇的企业家是谁？

柳传志：全球真的比较让人敬佩的企业家，比尔·盖茨算一个。因为他在一个高竞争性的行业里，能够通过战略的不断调整，使得企业一直独占鳌头，这是很不容易的事。像传统性的企业，如果真的出问题的话，会是温水煮青蛙的形式，悄悄的。但像微软这样的企业，互联网的出现、新的业务模式的出现，都会对它进行突然性的颠覆，但是微软在这个行业里一直领先。此外，他把办企业得到的财富，非常无私地奉献给社会，这是非常值得我们学习的。

李嘉诚也是，长江实业很了不起，给更多中国人在亚洲领域里争了气，成为亚洲数一数二的大企业。因为我们这个年代的人，为民族争光的责任感很强，这是第一。第二，李嘉诚非常关心和支持社会、人类进步事情，做捐赠、公益事业，非常大气，这也是让我很尊重他的原因。

时代周报：今年2月，你重新出任联想集团的董事长，今天你又出任联想控股的董事长兼总裁，今后你的工作重心在哪里？精力怎么分配？

柳传志：现在我更多的精力将会用在联想控股上，在联想集团，我主要负责两件过硬的事情，一个是让董事会和管理层能够有更好的沟通，第二，直接抓的一件事情就是联想集团企业文化的建设，这件事情是我亲自要参与的，其他的事情都是由管理层直接来做的，所以占用的精力比以前预定的要减少一些。

（原文刊发于《时代周报》2009年9月14日第43期）

被低估的QQ

李瀛寰

> 2010年6月23日6时，网络上最为平淡的黎明时分，中国传媒大学传播学博士后傅玉辉所写的一条微博仍被快速地转发，这条微博的内容是："中国的、未来的、巨大的、互联网公司，是谁？"是谁？网友都在问同样的问题。腾讯？阿里巴巴？还是百度？抑或是一家新公司？发展了十年的中国互联网企业，也到了回答这个问题的时刻。剖析腾讯以及马化腾的"敌人"们，或许能从中看出一点端倪。

一百多年前，德国古典哲学的创始人康德曾说："这个世界唯有两样东西能让我们的心灵感到深深的震撼，一是我们头顶上灿烂的星空，一是我们内心崇高的道德法则！"

腾讯公司创始人马化腾最初的爱好是天文学，腾讯成立十年后，依然喜欢仰望星空的他在想些什么？腾讯，这家中国最大的互联网公司，在中国本土引发更多争议的同时，也让硅谷人士侧目，甚至感到寒意。

❝ 被"低估"的腾讯

从腾讯两周前股价大跌说起。6月7日开始，腾讯股价出现异动。随后引发了腾讯股价的"黑色十日"，市值缩水430亿港元。

6月11日，联交所披露的一份股权变动公告显示，腾讯主席马化腾6月7日在场外以每股102.7港元的价格，减持了500万股，涉及金额5.135亿港元。马化腾减持的价格102.7港元远低于腾讯当时150港元。

这时人们才弄明白，马化腾在一年前参与了一项锁定利润策略的期权组合，即在腾讯股价90港元时约定一年后以102港元的价格卖出股份，对方承担股价下跌的损失和上涨的收益。没想到的是，腾讯股价的涨幅远远超过马化腾的预期，在这一单中，马化腾亏了。

但这样的做法给市场传达了一个信息：马化腾低价抛售股票。随后，基金开始洗仓腾讯，直接拖累腾讯股价下跌15.57%。

在这一变故中，股市分析人士称，基金趁腾讯主席马化腾低价减持之机借势洗仓，根本原因还是投资者担忧40倍市盈率的腾讯不能持续保持高增长，特别是网游业务。

"马化腾都没有想到，腾讯股价的涨势远远超过了他的预期。"6月22日，互联网资深分析人士、5G咨询合伙人洪波在接受《时代周报》记者采访时认为，相比投资者对腾讯的过高期望，马化腾对腾讯的理性估计，是个重要因素，也为市场提了醒。

事实上，今年5月12日，在腾讯发布的2010年第一季度财报中，马化腾就曾预警："我们意识到，随着企业规模的扩大，我们的业务增长速度会无可避免地放慢。"

从财报看到，腾讯今年第一季度的收入为42.261亿元，净利润为17.8亿元，市值约400亿美元。过去的两年中，腾讯的收入增长速度一直高达65%—80%。

这次马化腾对自家股价的"误判",洪波认为,"这说明两个问题:一个是中国互联网市场不错,中国概念股都在涨,腾讯、百度都在涨,在这个大势下,很难做预判;二是腾讯业绩增长超过了预期,也带动投资者更高的期望",但马化腾更希望腾讯能平稳、理性地发展,这与他低调的处世作风一脉相承,与一向保守的腾讯公司也非常吻合。

没有李彦宏的海归经历,不像马云宣扬那样"时时都是新闻",更缺少张朝阳的时尚激情表演,技术出身的马化腾喜欢给自己贴上"工程师"的标签。被员工称为"Pony"的马化腾,野心很大,但也小心翼翼,如同胡适先生那句"大胆假设,小心求证",马化腾一直如此行事。

这个"QQ帝国"的领导人,在2007年被《时代周刊》评为全球最有影响力100人之一。

业界都知道马化腾2005年差点收购YouTube的故事,马化腾对外也曾经承认过,"看走眼的事很多"。但私下里,马化腾对在线视频业务有过这样的表述:"花太多钱的业务,基本上不会介入。"视频业务直到今天,刚刚摆脱烧钱的状态。

马化腾就是这样小心翼翼,包括这次进军俄罗斯市场。4月19日,腾讯与俄罗斯投资公司Digital Sky Technologies Limited(DST公司)签订认购协议,腾讯将获得约10.26%的DST股份。这是腾讯为拓展海外市场而进行的最大规模的收购交易,不但能够获得直接进入俄罗斯市场的机会,同时还能够从DST对Facebook、Zynga Game Network Inc.等美国公司的投资中获益。

"全民公敌"马化腾

腾讯成立的十年多里,不断给自己树敌。

以QQ为核心,腾讯的产品线向外国辐射式扩张,门户、搜索、电子商务、安全,甚至输入法,产品种类已经多达200。

以4亿用户为底，腾讯任何方面轻轻发力，很容易就做到市场第二或者第三。而腾讯恰恰什么都做。

6月1日，腾讯QQ医生升级版QQ电脑管家悄然发布。腾讯与安全厂商也开始激烈拼杀。不过，在《时代周报》记者的采访中，安全厂商对腾讯这位对手却评价颇高。

"我对腾讯的看法相当正面，一家有4亿用户的公司，用户已经离不开QQ，但在产品竞争上，腾讯仍以产品品质说话，不靠对别的软件的兼容，或者裁判权。"可牛杀毒公司总经理傅盛如此说道。

"不用我的QQ输入法，那就不要用QQ了，腾讯基本上没做过这类的硬性捆绑，这挺让人尊敬的。"傅盛认为，腾讯坚持用产品竞争，很大程度上推动了中国互联网的发展。

腾讯介入某个领域，就让这一领域的小公司没有了生存空间，甚至成了"中国互联网发展的绊脚石"，对这类说法，傅盛认为商业有其规则，只要不触及底线，都可以做。"对创新型公司来说，不能指望大公司大发慈悲，不在这个领域下手，还是依靠自己产品的特色来竞争。"

马化腾虽然全面出击，但大多数产品是以借力发力。QQ用户是核心，用户上网需要的一切产品，腾讯都有，以全方位的产品构筑防御工事。"腾讯内部也很清楚，这是腾讯防止后院起火，防止对手在某个点上形成单点突破，最后造成破局。"来自腾讯的知情人士分析。腾讯是客户端产品，对同样的客户端软件更为防范。

但对腾讯更多的质疑，还不是来自其对手。前不久，DCCI数据中心总经理胡延平在微博中称"摩根也胡诌"，质疑摩根士丹利发布的报告"腾讯创新能力超微软"。胡延平还说："腾讯……一直在模仿……不仅不是卓越创新者，反倒是中小互联网企业的创新天敌。"这一言论，让本来就已经是"全民公敌"的马化腾又变成了"创新公敌"。

"我不太同意胡延平的说法。"洪波听《时代周报》记者问了个开头，他就非常明确地说道。

"中国互联网都缺乏创新，相比于西方领先的公司，腾讯的创新能力的确比较弱。中国移动也没有创新，但手机用户用得最多。中国互联网的群众基础弱，把用户服务好，比创新更重要。如果能服务好用户，用到具体的产品和服务上去，就不错。"洪波认为，"中国互联网没有腾讯，也没什么创新。"

一直研究互联网企业的洪波向记者出示了这样一组数据，百度员工7000人，一多半是销售人员，阿里巴巴员工2万，七成是销售人员，腾讯的员工中，一多半是技术人员，腾讯有大量的互联网人才储备、技术储备。

"腾讯不是没有专利，它有很多有价值的实用、应用专利。"洪波表示。据腾讯公开的资料表明，其专利总数已突破400件。

六年前，腾讯在北京还没有搬到今天所在的银科大厦，当时在一间不起眼的小办公室里，一脸书生气的马化腾曾向《时代周报》记者介绍着腾讯的企业级产品RTX。

▌ 马化腾的敌人们

在交换名片时，马化腾刻意地说了一句："我们的新名片已经由年轻的明黄色变为中性的蓝白色，腾讯的公司文化也正在朝着理性的方向发展。"彼时，QQ被认为是交友、玩的工具。

今天，马化腾依然一张娃娃脸，每天抽掉一包烟，身材也和十年前一致。但腾讯从未停止改变。

洪波说道："目前腾讯放出来的产品有200多，但在腾讯研发中的产品，是十倍之多。"

6月初，在一次行业研讨会上，《时代周报》记者遇到了腾讯负责搜索业务的赵庆。对于腾讯的搜索业务，赵庆只说了一句："搜索之于腾讯，是一个大的战略布局。"除此之外，任记者再如何追问，也不肯多透露半句。

这个说法，和业界的传言也不谋而合。毫无疑问，马化腾的下两个重量级对手，一个是百度的李彦宏，一个是阿里巴巴的马云。

如前面所讲，马化腾在搜索和电子商务领域早有动作，如腾讯搜搜和拍拍，但这时还是防御性的布局，而下一步，是真正的对决，腾讯真正要在这两个领域发力。腾讯收购康盛创想一事，虽未明确，但业界知情人士表示"基本属实"。

对建站入口的把控，与马云收购的Phpwind有一拼，而康盛创想的Discuz！在市场占有率上，远超过Phpwind。"有一天，马云会为当初放弃收购康盛创想而转投Phpwind而后悔。"知情人士说。

腾讯一直在变，但这种变化是渐进的，马化腾对腾讯的设想是一直很明确，那就是"在线生活"。

一个网民在网上需要什么，腾讯就提供什么。腾讯要把即时通信、个人空间、视频、音乐等真正串起来，构成一个"真正Web2.0社区"。

国内对腾讯有很多低估之处，但硅谷却不这么看。"过去一年，市盈率是Google的6倍以上；过去五年，腾讯的升值幅度是苹果的2倍多。"

腾讯还要做些什么？洪波说："中国互联网被证明了的商业模式，马化腾都不会放过。有商业价值的，腾讯都不会放弃。"

某种程度上说，互联网的边界到哪里，腾讯就会到哪里。

这一年多来，马化腾交了不少新朋友，如坊间传言中的美国Paypal公司创始人麦克斯·拉夫琴及hotornot.com的创始人詹姆斯·洪。Paypal是在线支付的老大，而交友网站HotorNot，有人认为，其前景不亚于当年的YouTube。

但对腾讯的未来，洪波也提出自己的看法："做到腾讯这个规模，已经成为平台，不同的人可以在这个平台上得到不同的价值，当下，腾讯的未来战略并不清晰，腾讯应该做一些影响产业层面的布局。"

如果腾讯能做到这些，恐怕"中国的、未来的、巨大的互联网公司"，非它莫属。但腾讯，还差一步。

（原文刊发于《时代周报》2010年6月28日第84期）

阿里构建金融帝国

王　刚

> 阿里巴巴丝毫没有掩饰对于金融领域的野心，通过架构调整，阿里向互联网金融发起冲击。

"今天阿里巴巴做的金融业务不是改革，而是一场革命，一场金融的革命。"在2012年2月25日阿里金融的开年会议上，阿里巴巴集团董事局主席兼CEO马云如是说。

为了进一步整合旗下金融业务，2月22日，阿里集团对支付宝和阿里金融进行架构调整，支付宝拆分为共享平台事业群、国内事业群、国际事业群，和原来的阿里金融（现为阿里金融事业群）一起构成阿里集团全新的业务板块。

至此，阿里的金融业务已经涵盖支付、小贷、担保以及保险业务，马云在完成电商平台的建设后开始全面挺进金融领域。

除了阿里外，腾讯、京东商城等互联网巨头纷纷希望在互联网金融领域谋得一席之地。毫无疑问，新兴的互联网金融模式正在对传统的银行产生冲击，那些金融界的巨擘还会坐以待毙吗？

在现有监管体制下，阿里的金融业务能走多远、能长多大还不得而知。不过马云的梦想却很宏伟，他说，阿里做金融就是要用互联网的思想和技术去解决问题和支撑中国未来金融体系的重建。而对于阿里金融业务和传统金融机构之间的关系，他认为，阿里金融并非要推翻传统金融机构，而是要摇一摇，让他们的楼更坚固。

▍架构大调整

今年1月，阿里集团架构大调整，将原来七大事业群拆分为25个事业部，但并未涉及到阿里金融和支付宝。

不过很快，支付宝的一份内部邮件就显示，阿里将支付宝一拆为三，涉及内部支持的部门，包括技术、安全、客服、资金结算、财务等统一归属共享平台事业群；以对外合作为主的部门，如商户、B2C、无线、航旅等则归属国内事业群；原支付宝线下、跨境业务组成国际业务事业群。

人事方面，以上三个事业群分别由井贤栋、彭翼捷和樊路远任总裁。原来的阿里金融成为金融事业群，由胡晓明担任总裁。同时，彭蕾不再担任支付宝CEO，但上述金融业务仍由彭蕾统一负责，她同时还兼任阿里巴巴集团CPO。

阿里的此番调整被业界视为加快向互联网金融领域发力的重要一步，意味着支付宝和阿里金融未来将互联互通，并将用户体系、信用体系和支付结算体系进一步融合，形成一个体量巨大的"虚拟"金融机构。

阿里巴巴一位内部人士则对《时代周报》记者表示，互联网金融的"魅力"在于它的根基是互联网，而阿里金融最根基的还是互联网的海量数据和基于用户行为形成的信用体系，这些恰恰都是阿里系各个平台的优势。

五季咨询合伙人洪波则认为，阿里现在大力发展金融是水到渠成的事。"对阿里来说，传统的电子商务零售平台、涉及大数据的云计算以及金融业务这三块都是其重点业务。但金融业务不仅仅影响阿里，还要为电商平台上的商户服务，以它掌握的数据来说，已经超过中国任何一家信用卡发卡银行，想象空间更大，或许可以超越电商零售平台。"

"过去阿里金融是集团的一个部门，而支付宝是一家独立的公司，可能不会很好协调，所以现在人事和架构上的调整是必要的。"中央财经大学金融法研究所所长黄震对《时代周报》记者分析。

对于此番架构调整是否改变了阿里金融的股权关系，阿里集团官方并未披露。"阿里金融是属于集团的，股东结构和阿里集团是一样的，包括雅虎、日本软银和阿里管理层。而支付宝是一家独立的公司，马云独占80%股份。我不明白这次调整是否把阿里金融并入了支付宝？"洪波说。

至于此次调整是否会对阿里集团IPO产生影响，洪波认为影响不大，对马云来说阿里的电商零售平台业务很成熟，未来上市也以此为主。云计算和金融业务都需要长时间的较大投入，阿里金融产生较大收入需要很长时间及国家相关政策的调整。

支付宝和阿里金融架构调整后，就有分析人士指出，阿里金融的放贷额度受到资本金限制，而支付宝却有大量的沉淀资金。如果两者进一步融合，将在盘活沉淀资金、扩大放贷额度方面做出有益的尝试。

但这遭到支付宝公关总监陈亮的断然否认，他对《时代周报》记者表示，沉淀资金第一不能动，第二也不想动。"不存在利用沉淀资金获利的可能。事实上，现在支付宝推行快捷支付，这个产品从本质上就是不需要用户在账户里放钱。"

金融大生意

在2012年的网商大会上，马云向包括《时代周报》记者在内的媒体道出了未来十年阿里巴巴的发展方向。马云称，阿里巴巴的下一个十年，将把重心由外向内，在自身组织架构的调整下，完成"三步走"战略：第一步，是阿里巴巴平台战略；第二步和第三步分别为金融战略和大数据的建设。

"由于网商规模发展快、资金需求比传统企业急且跨地域、诚信系统尚在建设之中等原因，银行目前尚难满足其需求。阿里巴巴希望通过合作，完成网商的资金借贷业务。"他说。如今，淘宝和天猫等阿里集团各平台的总交易额已经超过1万亿元，在电商平台的竞争中已经处于绝对领先地位。在外界看来，马云带领下的阿里集团是时候迈向其第二步——金融战略了。

其实早有布局。2008年3月，阿里巴巴就联合中国工商银行和中国建设银行，宣布向会员企业提供无需抵押的网络联保贷款。最终，阿里和建行在贷款利息分配上矛盾不断，此次合作以失败告终。但此次尝试让阿里构建了自身完整的信用评价体系和数据库，以及应对贷款风险的控制机制。

随后，阿里金融搭建了分别面向阿里巴巴B2B平台小微企业的阿里贷款业务群体，和面向淘宝、天猫平台上小微企业、个人创业者的淘宝贷款业务群体，并已经推出淘宝（天猫）信用贷款、淘宝（天猫）订单贷款、阿里信用贷款等微贷产品。

2010年6月，浙江阿里巴巴小额贷款股份有限公司正式成立，覆盖浙江、上海和江苏地区。随后阿里小贷继续扩大试点范围，挺进珠三角。据阿里金融相关负责人葛瑞超介绍，2013年阿里小贷业务还将进入山东等环渤海地区。

葛瑞超对《时代周报》记者透露，截至2012年底，阿里金融累计服务的小微企业数量已经超过20万家，户均贷款金额为6.16万元。"我们只做100万元以下的贷款，以小为美。当阿里金融不能满足日益壮大的小微企业时，它们就会去银行融资。"

阿里金融为何抢了银行的生意？在国家开发银行研究院副院长曹红

辉看来，大银行遵循二八经济，对中小企业和消费者缺乏特殊关注。而小银行供给不足，因为市场准入严格。这就给了互联网公司开展金融服务的空间。

央行数据显示，在2012年只有8%的小微企业通过银行获得了贷款，一般是因为缺少抵押物或担保。而这恰恰是阿里金融的优势，据葛瑞超介绍，阿里金融发放贷款不需要企业提交任何担保和抵押，只会对企业的一些交易数据、信用数据进行征集，给出信用评级，然后决定授信额度。而且申请和审批都是在线完成的。

另外，跟银行相比，阿里金融业务最大的优势在于商户信用数据的积累。"为什么银行做不到信用放款？因为没有阿里这样的征信系统，这些商户要在其平台上赚钱生存，交易支付需要支付宝，离不开阿里。这些都是阿里做金融的基础。"黄震分析。

除了小贷业务外，阿里金融的业务还将扩展到担保、保险领域。据了解，其保险业务将由"三马"（阿里巴巴、中国平安、腾讯三家公司的掌门人马云、马明哲、马化腾）合创的"众安财险"公司来完成。该业务已在今年2月17日获得了保监会的正式批文，阿里巴巴为该公司最大股东。

▌ 瞄准信用支付业务

对于未来阿里金融和支付宝之间将如何协同，其官方对《时代周报》记者表示暂时不回应，过段时间会有新消息出来。

上述阿里巴巴内部人士对本报透露，支付宝和阿里金融同属一个金融板块后，以后的合作会越来越多。之前阿里金融的小微信贷业务也是基于支付宝提供的巨量商户数据，包括淘宝卖家的各种交易数据，如进货款项、与上下游商户的交易量、买家卖家的评价等。

虽然阿里集团三缄其口，但仍有双方已经开展合作的消息释放出来。

《时代周报》记者从阿里金融获悉，其即将于4月份在湖南和浙江推出一项"信用支付"业务，属于消费信贷，该产品将在支付宝的平台上推行，使用支付宝的数据。

很显然，阿里已经将矛头指向传统银行的信用卡业务。该业务在授信还是收费模式上都与传统的信用卡没有太大区别。据悉，支付宝将根据用户交易数据进行授信，信用额度可用于在淘宝等购物支付，用户需要在还款日之前进行还款，最长可获得38天免息期。

而阿里金融已开始对相关数据进行收集和分析，主要包括注册时间长短、网上消费不良记录、实名认证、买家信用等级等核心指标，并根据用户的资质分成不同的层级，并决定最后的授信额度，最低为200元，最高可达5000元，相当于一张普通信用卡的透支额度。

此消息一出，便引起轩然大波，该产品甚至被外界解读为"虚拟信用卡"。但阿里金融立马做出回应称，该产品是一种信用支付而非所谓的虚拟信用卡，而且仅限于用户在无线端使用，PC上尚无计划开展。信贷资金则源自合作银行。

对于此次架构调整中另外一位"主角"支付宝来说，其在业务布局和盈利模式拓展方面也在发生变化。未来，支付宝将是阿里巴巴布局金融业务的一个重要支点。

彭蕾在支付宝内部经常强调要多做一些跟华人购物相关的业务和产品。此番支付宝架构调整将国际单列成一个事业群，地位明显上升，这也预示着阿里集团电商国际化进程正在加快。另外，此次调整将无线部门划归到国内事业群，也意味着未来国内事业群要将无线化作为非常重要的目标。

据易观国际最新数据显示，支付宝在2012年国内第三方支付市场中仍占据46.6%的市场份额，远远领先于其他竞争对手。在包含远程在线支付、近场支付、手机刷卡支付等的手机支付市场中，支付宝的份额已经超过60%。支付宝副总裁樊治铭告诉《时代周报》记者,未来支付宝还会开发类似Square和Cardcase的产品。

除此之外,支付宝在2012年还宣布5亿元布局线下支付,计划3年内向市场投入6万台支付宝POS,同时也进入航旅和基金领域。

切入小贷业务

阿里集团提及自己所做的金融业务时曾强调他们是在做"银行不愿做的事"。

从某种意义上来说,银行,尤其是工、农、中、建等大银行的确在小微贷款方面做得并不尽如人意。尽管近年来,在各方呼吁及国家政策的引导下,银行纷纷加大了在小微贷款方面的投入,但相对于巨大的需求来说仍显不够。小微信贷领域在中国便形成了一个巨大的市场空白。阿里正是看中了这块竞争尚不充分的蓝海。

然而,虽是蓝海,现在却已逐渐云集了各方力量。除了阿里这样来自金融行业之外的新兴力量,还有已浸淫其中数年的小额贷款公司。据央行日前发布的《2012年小额贷款公司数据统计报告》显示,截至2012年12月末,全国共有小额贷款公司6080家,贷款余额5921亿元,全年新增贷款2005亿元。

中小银行也在小微贷款业务加大了扩张力度。2012年4月,民生银行、包商银行、哈尔滨银行牵头联合了33家中小银行、保险、租赁等金融机构成立了"亚洲金融联盟",其中一项重要目标就是联合联盟成员建立电子商务平台,发展多元化的微贷业务,与以阿里金融为代表的新兴金融体分庭抗礼。

而大银行似乎也并不认同阿里金融所做的事是"他们所不愿做的"。

"一方面,现在银行信贷额度吃紧,需求却很大,没有精力兼顾那么多中小企业。另一方面，小贷的收益率虽高，但却有灰色地带特征，在操作的合法合规性上也值得商榷。最近巴曙松转了一条微博，某地方的小额贷款公司把不还钱的人关在狗笼子里，所以他们几乎没有呆坏账。这种事情银行能做吗？"兴业银行首席经济学家鲁政委在接受《时代周报》记者采访时表示。

鲁政委同时表示，在支付业务方面，银行也一直在努力。

"从支付宝的发展历史来看，它最初是通过和各大银行合作才促成了今天这样庞大的网上支付规模。所以银行不是不愿意做这些事，实际上银行一直在致力于用IT和互联网技术努力改善用户体验，并且拓展这方面的客户群。但这需要一个过程，因为银行毕竟不是从互联网服务起家的。"

阿里刚开始做金融业务时，市场便有观点认为阿里在向传统银行挑战，并且最终要以小贷等业务切入金融业。

而鲁政委则认为市场夸大了阿里金融的影响力。"他取代不了银行，他现在只能对自己平台上的商户和注册用户放贷，但却不敢对其他人放贷，因为他没有完善的数据库做支撑，他现有的信用系统仅限于自己的平台。"

此外，阿里金融要想做大也需要政策的放宽及支持。"金融行业一直是受到严格监管的，阿里金融的互联网经营模式无疑会对现有政策提出挑战，未来在监管层面以及法律层面都需要面临多重考验。"鲁政委说。

作为一家小贷公司而非金融机构，阿里小贷要负担5.56%的营业税及附加税、25%的企业所得税，远远高于一般金融机构。同时，其放贷额度也受到严格控制。这些都影响了阿里小贷业务的盈利能力。对阿里金融来说，前面还有一条很长的路要走。

（原文刊发于《时代周报》2012年3月8日第223期）

张小龙谈微信：越简单越好

李瀛寰

> 微信推出才两年，已近四亿用户，业界瞩目，在用户体验和商业化之间该如何取舍平衡。

2013年3月4日，在位于南方通信大厦的腾讯广州研发中心，腾讯副总裁、微信创始人张小龙对来访的《时代周报》记者说："微信，外界炒得过热了。"

仅仅诞生两年的微信，其用户已经直逼4亿。微信被视为移动互联网时代的真正"杀手"。从去年下半年开始，微信成了业界焦点。

微信的高歌猛进、外界的狂热追捧，都没有影响到张小龙这位具有文艺、极客气质的技术高手，一向低调的张小龙很少接受采访，而且此刻显得更为冷静。

但张小龙的冷静再度被马化腾打破。3月10日，腾讯董事会主席兼CEO马化腾在参加"两会"的间隙清楚表明，微信将启动商业化进程。

一边是产品理念下的用户至上，一边是商业上的成功，微信是否会出现技术与商业的博弈？如何在用户体验和商业化之间平衡？

商业化必将是微信的转折点，未来的微信面临着控制与"失控"的挑战。

❝ 张小龙的微信作品

两年，4亿用户，微信为什么发展这么快？如同苹果产品得到用户欢迎一样，原因并不复杂，四个字：简单、好用。

简单好用的微信事实上已经改变了人们的通信交往方式，"对着手机屁股聊语音"已成当下的时代特征，不论是年轻人，还是中年大妈大叔。

"我现在很少看手机短信，都是用微信联系，"张小龙更是把自己的通讯方式迁移到了微信上。举个例子，给张小龙发短信，没有回音，但加他的微信，一分钟之后他立刻有了回应。

微信的产品迭代非常迅速，每一个版本都给用户带来更多新鲜好玩的体验，但微信到底是什么？张小龙说道："你如何使用微信，决定了微信对你而言，它到底是什么。"

微信还将如何发展？去年7月的一次见面中，面对《时代周报》记者这个问题时，张小龙并没有直接回答，反问道："你觉得微信好用吗？"张小龙是个很有意思的人，面对不感兴趣的话题，对方说上30句话，他只回应一个"嗯"。如果是他感兴趣的话题，虽然表面上他仍不动声色沉静如水，但他的眼睛会发亮，比如说到凯文·凯利的《失控》，比如说到微信的产品细节。

商业化的微信，将面临着控制与"失控"的挑战。（《时代周报》记者 姬东 摄）

张小龙从不玩"宏大叙事"，没有什么所谓的微信"蓝图"。不给产品下标准的定义，就可以让产品更自由地发展，同时也可给不同的人以不同的想象空间。在张小龙看来，产品最终是什么，由用户说了算。

在产品开发上，很多产品经理都强调要快速试错，先推出来试试看。但张小龙认为，应该对产品有足够理解、对人性和社会有足够把握，才去做尝试，这样的试错才是最有效的。

张小龙走的其实是乔布斯的路子，如同一位腾讯内部人士的说法："微信并不复杂，仅仅是洞悉人性而已。"

推崇《失控》的张小龙对技术与人的关系同样有着哲学式的思考，对于微信的"核"，张小龙说："微信就是消息系统，它的核心就是人和信息，他们在系统里流转。"

所以微信的开机画面永远是一个星球和一个孤独的人，孤独的人类个体，沟通是最本质的核心需求，微信就是满足这个需求。

"张小龙是个技术背景纯粹的产品经理，他对产品的在乎远超过对商业的在乎。"互联网资深分析师洪波如此说。事实上，洞悉人性并不难，难的是在商业和技术的交织下，创业者有没有真的这么去做，很多人往往屈服于商业压力。

微信4.0推出时，张小龙更新了微博签名：越简单，但越好。这与乔布斯"至繁归于至简"的精神一脉相承。在4.0版的朋友圈里发照片，甚至都没有滤镜，因为张小龙认为：照片应该真实、不加修饰地反映生活。但当他发现大多数人更热爱修饰后的照片时，张小龙最终还是为朋友圈添加了滤镜功能。

在不违反极简原则的情况下，满足更多用户的需求。张小龙可以适当地妥协。在产品理念上，张小龙有着自己的理想主义：一个简单的规则可以构造一个复杂的世界，由用户在里面推动整个产品。

某种意义上，微信就是张小龙的作品，也是他纯粹的产品理念之下的产品。

　　两年来，腾讯与马化腾给了微信从容的自然成长空间，任其在纯粹的产品理念下"讨好"用户即可。但现在，微信即将步入新的发展阶段：商业化。

马化腾的商业化设计

　　张小龙也曾表示，微信团队监测的数据显示，微信朋友圈每天的发帖量已经大大超过了微博最鼎盛的时刻。

　　有了4亿用户的微信，活跃度还如此之高，自然也成为创业者发掘商机的金矿。微信的商业化，既有腾讯谋求移动互联时代的话语权的需要，还有众多"食客"的推动。关于微信商业化，创业者显然比张小龙急多了，甚至比马化腾还急。

　　如张小龙所说"外界炒得热了"，他当然清楚创业者在微信平台上淘金的渴望，一名做移动社交APP的创业者曾当面请教过张小龙，看微信是否会开放更多的接口给创业者，得到的答案是"微信的商业化推广将会非常谨慎"。

　　但现在，小马哥也决定加快微信商业化的步伐。3月10日，马化腾在采访中表示，海外其他同类产品比微信早大半年时间，在增值服务尤其是移动社交、游戏方面，已经有比较清晰的商业模式。总体来说，腾讯希望微信成为一个平台，开放第三方应用接口，让更多的应用接入到微信平台上，"打造一个开放平台、一个产业链，让更多的开发商能够获益"。

　　不过，马化腾强调，腾讯微信的API和接入规则现在还没有完全定下来，正在搭建当中。"一边是开发商，开发商希望帮他发微信发得越多越好，这样做肯定影响用户体验；另一边是用户，当然还是用户最重要。"

　　事实上，从去年5月15日开始，微信开放API接口给第三方应用，使得用户间可以通过第三方应用分享图片、音乐和视频，正式迈出了开放的第一步。此后，以二维码为入口，微信再度进军O2O，推出了"扫一扫会员卡"功能，通过微信会员卡让更多线下与线上用户享受移动互联网的便捷，实现找出租、订酒店、找餐馆，获得更多实惠，并帮助商家建立泛用户体系，搭建富媒体的互联网信息通道。

谈到商业化，张小龙强调："我们希望它能够在平台性方面走得更远，它真的成为一个很好的移动互联网的基础设施，可以为整个业界提供很好的一个通讯开放平台，让所有的第三方都能够把他们的有价值的应用通过这个平台来接触到更多的用户。"张小龙表示，希望让更多第三方应用能享受微信的整个通信基础架构和社交，在移动互联网平台上获得收益。

《时代周报》记者从微信团队了解到，微信将开放API接口，微信公众账号现在是采用消息对话方式，下一个版本将有菜单的方式，可能还会提供更多的接口，让用户自己可以更加简单地开发一个基于微信的公众号，比开发一个原生态的APP应用程序还要简单得多，任何一个编辑、任何一个人都可以随时为自己创造一个基于HTML5的微信公众号，基于微信的对话体系，跟后端连起来，同时也很容易维护。

❝ 平台监控的商业化难题

微信的商业化正逐步开始，当人们潮水般涌向微信平台，带来各种铁铲、水桶在近4亿用户中淘金时，微信平台还会是当前用户觉得好用的通讯工具吗？

去年11月，微信曾经发生一起"失控"事件。蘑菇街和美丽说通过微信进行无差别病毒轰炸，有的微信朋友圈几小时就被各种好友的"心理年龄测试"和"性格测试"刷了十几屏，蘑菇街、美丽说诱导用户分享后，查看结果加关注，才可以看答案。

连马化腾自己的高端私密微信圈也被刷了。小马哥拍案大怒，于是，张小龙马上让团队封了微信分享链接。

如何把控微信上的信息流，如何有效监管第三方应用，这无疑将是微信商业化之后的巨大挑战。

不过，马化腾想得还比较清楚："最理想的方式就是构造一些很简单的规则和网络层的这种连接，然后复杂的商业模式交给外面的这种合作伙伴或者个人，让每个人都可以找到自己的用户群，把这底层做通了、规则做好了，我觉得这个生态会比较健康。"

之后就是严格的监管，"他能玩儿成什么样我们就观察，有乱的我们把他搞走，（微信）会演变成什么样我们还不是很清楚，因为发现很多用户都很有创意"。

对于马化腾的微信商业化设计，洪波持谨慎观望的态度："现在的问题是，微信承载了腾讯太多的预期，也承载了外界创业者太多的预期。"在洪波看来，微信商业化过程中必然有很多技术产品与商业的博弈，这个时候就需要领导人有强大的定力，坚持自己的方向。"对产品有着完美追求的张小龙有这个定力。"

微信的商业化加快，马化腾的高调表态，微信似乎已经进入马化腾时代。虽然小马哥表示，在微信上面增加任何东西，腾讯都会很谨慎。但驶入商业化轨道的微信，被寄予太多期望的微信，能否在商业价值与用户体验之间达成平衡？

在洪波看来，微信有一个非常好的基础架构，在这个基础之上，加入新功能非常灵活、可扩展性很强。

开始商业化的微信其实正处在一个转折点上，对腾讯而言，控制得好，微信将继续高速成长，如果对平台监管失控，用户体验下降，用户的流失同样也很快。

"一个系统它真的有生命力的话，肯定会有草和树木长起来，不需要我们去推动。"张小龙对微信非常有信心。但商业化的微信，会不会失控？

（原文刊发于《时代周报》2013年3月15日第224期）

马云棋局

李瀛寰

> 马云的棋，越下越大。阿里巴巴的触角，早已超出电子商务之界。马云的眼光到底有多超前，是时候复盘一下了。

2013年11月19日，友盟对外正式宣布，阿里巴巴收购友盟的流程已完成。从入股新浪微博、友盟、UC优视、陌陌、丁丁网，到成为高德大股东，马云式"赌博"四处开花。

除了到处撒网投钱、注资收购外，马云还高调叫板马化腾。推出移动IM"来往"，明显驳火时下最火爆的"微信"。马云10月底宣称："与其等待被害，不如杀去南极洲。去人家家里打架，该砸的就砸，该摔的狠狠地摔。"马云10月底在阿里论坛内部发出的"号召令"，以其杀气腾腾震惊了业界。

从电子商务延展到支付宝、余额宝的互联网金融新生态，这是阿里巴巴基于行业本身发展之下的互联网挑战传统行业的常规故事，虽然也引发了银行业大佬们的警惕，但至少说得过去。但此刻，马云高调向腾讯正面宣战，意欲何为？

也许是受到自己的好友，联想董事长柳传志的感染，马云开始喜欢使用"复盘"一词。"双十一"电商购物狂欢节那天接受《时代周报》记者采访时，也多次用了"复盘"这个词。

"复盘"往往能看清更多事实和真相，复盘一下马云指挥下的"双十一"大战，才更能了解马云的野心和布局。

"马云棋局，无人可比"

"马云气场非常强，"华兴资本创始人兼CEO包凡直言马云在移动互联网上的布局有着超前眼光，"马云一不懂产品，二不懂技术，但管理这个事，治理公司说到最后，就是越大的事情，越是要别人来做。"

作为友盟的独家财务顾问，华兴资本利用在TMT行业积累的资源及交易经验帮友盟完成了此次"被阿里巴巴收购"。包凡因多次与马云的收购与注资事宜合作，他在接受《时代周报》记者独家采访时，透露了他对马云的评价："在我接触的互联网大佬里，马云的战略格局观，无人可比。一、马云对人性的了解非常深；二是对战略格局的感觉，马云非常厉害。"

包凡强调，阿里巴巴的战略很牛，从注资新浪微博、高德地图到UC浏览器、陌陌、友盟，阿里在布局入口。但当下的移动互联网，何为入口？移动互联网仍在起势阶段，就连如日中天的微信都不能称已经拥有"船票"，这时的阿里，既是押注，也是以阿里的资源和实力，赌移动互联更宏大的未来。

从今年年初开始，阿里提出无线互联网的用户概念，阿里内部要求无线团队跳出电子商务拥抱互联网。"以往我们做很多产品，是基于电子商务，而'来往'是阿里集团第一个没有太多电子商务痕迹的互联网应用，希望把来往做成一个简单的、好用的、安全的、隐私的这么一个社交工具。"一位阿里内部人士对《时代周报》说。

近期在阿里巴巴内部的一次会议上，阿里巴巴集团CEO陆兆禧明确提出"无线优先"战略，要求集团全体员工"all in"无线，产品和应用都优先考虑无线应用。显然，阿里是下定决心，抛开电商基因优势大举强攻无线互联网。

中国互联网行业格局的形成，既有技术积累之下的"垄断"，如搜索领域的百度；也有资金实力基础上的并购注资之举，如腾讯入资搜狗。移动互联网来临之际，在新一轮行业洗牌之际，合纵连横不可避免。

收购高德地图一事，可以看出马云的心态。据消息人士称，在阿里出手之前，另一家互联网公司和高德已经谈了一年之久，而且出价不菲，就差签合同了。但马云听到这个消息，立刻作出决策，当天就从杭州飞到北京，与高德地图的高管见面。

与此相比，前面那家本来占有先机的公司，其老总和高德高层就没有什么互动。"情意"，在中国企业界有着特殊的作用，马云展示出了被认为很有诚意的姿态。高德地图的决策层最终选择阿里巴巴。马云如此重视高德地图，显然体现了他对获得这块领域技术和市场的野心。

今年9月，就在UC优视成立9周年之际，阿里注资UC一事也被宣布。UC优视董事长余永福在接受《时代周报》记者采访时称："我们谈了很多家，但只有阿里能保证UC的独立发展。"

广泛进行业界合作，给合作方以独立发展的空间之余，无论是高德地图还是UC优视，都已经成了阿里旗下的企业。据称，马云在10月初来到UC视察时，对所有员工都表示出非常高的敬意。

移动互联网的未来，变化万千，连腾讯的微信都不能称已经拥有"船票"，所有的布局都是"赌博"。但阿里敢于下狠手，马云敢于把摊子铺得更大。

支付宝、余额宝、阿里的互联网金融同样引发了传统银行业的警惕。

但在互联网重构一切的当下，一切都在探索。谁拥有话语权，谁能抢得更多的"信任"，这才是核心。

　"来往"背后的双马争槽

有人总结，马云做事，一箭双雕都不成，必须一石三鸟，而且经常是"一石投出，打出个满天花"。而推出"来往"，阿里的目标可能是一只"巨鹰"。

当移动互联网的大潮来临时，基于PC端互联网的商业模式正面临着"死在沙滩上"的风险。相对于移动端的电子商务，原先的电子商务模式便成为了传统模式。阿里推出"来往"，除了是一种防守策略外，从更长远的战略布局来看，是为移动端生态圈的布局打基础。

此前阿里巴巴确实考虑过通过投资来布局，今年以来的一系列注资投入都是阿里的小规模试水。但在移动入口上，目前阿里投资的新浪微博、高德地图以及UC浏览器都不具备这个实力。

新浪微博除了给天猫和淘宝导流量之外，很难真正替阿里抗衡微信，高德地图也是同样的道理，这些投资最后当然会有财务上的业绩和增长，但对阿里巴巴建立移动互联壁垒起不到多少实质性的帮助。

马云看到了无线通讯软件的前景，这样的眼光值得称道。但可惜的是，阿里缺少相关基因。尽管阿里自称，"来往"主打无线，不以电商为主，但阿里的电商基因让"来往"处处充满了"电商"味道。

阿里巴巴固然抓住或发现了诸多机会，但挑战也更大。从"来往"的定位就可以看出，阿里称"来往"的目标群体是熟人老朋友，而旺信（移动版的阿里旺旺）定位的目标则是电商交易中的买家与卖家，两个产品的方向不同。但商家色彩过于浓厚的"来往"，久而久之也许就成了淘宝商家的聚集地，成了另一款旺信。

想和腾讯开战，对没有通讯基因的阿里挑战很大。对于"来往"的一系列动作，互联网专家洪波认为，这是阿里对微信深入骨髓的恐惧。

马云想法很大，布局也有眼光，但阿里战略的落地仍是马云的掣肘。

马云的野心

也许是受到自己的好友、联想董事长柳传志的感染，马云开始喜欢使用"复盘"一词。"双十一"电商购物狂欢节那天接受《时代周报》记者采访时，也多次用了"复盘"这个词。这个词最早由柳传志引入科技行业，表示"反思、总结"。

"复盘"往往能看清更多事实和真相，复盘一下马云指挥下的"双十一"大战，才更能了解马云的野心和布局。

当"双十一"当天支付宝的总成交额350.19亿这一数字最终定格在阿里巴巴西溪西园的数据中心大屏幕上时，并没有引发现场诸多守候直播的各方人士的尖叫或者惊叹。

马云在当天干脆对《时代周报》表示："300亿不是悬念，如果真正要想做，我觉得未来几年内，1000亿也不是做不到的数字。但数字并不是我们今天所关心的。我们今天最关心的是数字背后的东西，通过数字我们怎么样去真正地理解市场的力量。我希望'双十一'能够真正成为中国消费者发现需求、拉动消费的一个重大节日。"

"数字不重要"，这个论点，被马云在离"双十一"结束还有5小时时抛出，部分地被外界看成没有达到更高期待之下的辩解。"双十一"之前，马云对今年支付宝的总成交额公开预期是300亿，"300亿将产生1.5亿个包裹，这已经接近全国快递单日的总运力极限。"但是，临近"双十一"之时，网上却开始流传"阿里巴巴内部人士称，阿里内部对今年的成交额预期是500亿。"

　　但是，马云却在同一天，发出了"电商打压地产"这一说法。"双十一"当天，马云称，目前的商业地产价格畸高，希望通过网购的发展，削弱传统商业的力量。当大家都选择网上购物时，传统商圈的销售量就会减少，进而商业地产房价就会降低。以此和"数字不重要相对应"，似有一种"燕雀焉知鸿鹄之志"的意味。

　　马云表示，今年"双十一"的数字，不管是300亿还是350亿，一定会对商业地产的老板有震撼。现在很多商场里的服务员比顾客多。企业家很聪明，当产业升级、网购起来后，不会把商业区作为重要投资，边上的居民区成本也会降下来，让中国房价通过市场手法调节。

　　从这番谈话中可以看到，在马云的设想中，"双十一"不仅是电商的狂欢，更是引发中国商业变革的一个契机。

　　电商的战争，打得血肉模糊。在阿里巴巴总部外的街边，可以看到阿里在电商界的最大竞争对手京东的广告，其中有"马踏飞燕"的广告图，大家都知道，这是直接瞄准阿里的"菜鸟"物流。

　　但是阿里方面似乎有些超然，在马云的构想中，阿里巴巴创造了"双十一"电商购物节，电商行业整体跟上，他们已经胜利。阿里的目标已经不是同行的竞争了，而是用自己的力量带动商业变革、带动传统产业升级。

（原文刊发于《时代周报》2013年11月22日第260期）

张近东再造苏宁

王 媛

> 转型局棋过后，苏宁战果如何？移动互联网的到来，对实体店进一步造成了冲击，但同样也给PC主导的传统电子商务带来巨大挑战。

　　四年前，零售巨头苏宁启动了公司历史上最大的一次变革，将线上零售业务纳入核心，外界对此看法不一。四年后，苏宁用核心指标的增长交出了一份成绩单，苏宁云商2016年业绩快报显示，去年实现营业收入1486.8亿元，同比增长9.69%，其中线上业务线增长迅猛，同比增长60.14%，连锁店坪效同比提升19.49%，超过八成的苏宁易购直营店在去年12月实现了单月盈利。

　　除了零售核心业务，苏宁还布局了地产、金融、文创、体育、投资等多个领域。针对零售业转型和国际化布局等问题，日前《时代周报》记者对张近东进行了独家专访。在采访中，张近东向《时代周报》记者表示，过去几年苏宁一直在潜心探索和转型的路上，随着六大产业的布局完成，苏宁零售生态圈的全面构建，今年苏宁的O2O零售到了由量变到质变，由中速增长向高速增长的转变之年。

❝ 建言"组船出海"

第15年上会的全国政协委员、苏宁控股集团董事长张近东，此次总共带了5份两会提案进京，涉及青年创业、足球青训、国际贸易、大数据管理和税务电子化等领域，建言国家通过顶层设计，反对贸易保护主义，突破贸易壁垒，呼吁零售企业也应响应国家"一带一路"战略对外输出，实现中国企业从"单兵出击"到"组船出海"。

《时代周报》记者了解到，15年间，张近东一共提交了70份提案，履职热情不减。当《时代周报》记者问及张近东履职多年最大的感触时，张近东向《时代周报》记者谈到："我的提案就是在企业发展的过程中、在社会调研的过程中，发现的很细小、很基础的问题，为国家建言献策。而这么多年我的提案基本上都得到有关部门的积极回复和落实，这对企业来

张近东

说，是宽慰并且自豪的。"

从金融危机开始，逆全球化的声浪迭起，贸易保护主义升温，给我国出口贸易也带来不利影响，国内流通企业在国际上的竞争力依然不强。商务部贸易数据显示，2016年进出口贸易总额24.3万亿元，下降0.9%，贸易额下降，货物出口下降趋势明显。2017年1月，我国贸易顺差513.5亿美元，下降9.6%。

在张近东看来，"一带一路"战略，为国内企业布局海外市场提供了良好机遇，在商贸流通领域，越来越多的优质商品想走出去，但是很多中国企业缺乏在海外发展的自主平台和渠道，"单一产品线作战"方式，造成企业竞相压价出口，无法为中国创造打响品牌。

更为尴尬的是，零售企业在拓展海外业务时面临更多的繁琐限制，如平台建设、物流网络建设、人才建设等政策壁垒，有些国家还会提出服务贸易准入和经营限制。

"以印度市场为例，其要求零售网点只能在人口超过100万的城市设立，最低直接投资要达到1亿美元，且至少50%应在3年内投资于后端基础设施，类似问题，都严重影响着国际商贸流通，也成为中国企业走出去的绊脚石。"张近东向记者谈道。

作为民营零售企业的掌舵人，张近东有着二十多年流通行业管理经验，他很敏锐地觉察到此类问题，国内企业想走出去，加强同海外的流通贸易，必须要改变传统的单兵作战方式，借助零售企业平台"组船出海"，国家和企业应该联手应对。

在今年的流通业贸易壁垒的提案中，张近东建议从国家顶层设计以及政企协同两方面着手，彻底打通"一带一路"新渠道，推进贸易自由化，建立良好的公平贸易环境。

张近东认为，加强互联互通建设的顶层设计，从上层建筑方面突破政策瓶颈，这是推动贸易自由化的先决条件。在此方面，政府可与企业紧密协同、互联互通，打造海外拓展的战略联盟，从政府战略角度解决"一带一路"沿线国家对中国零售、物流等相关企业进入的诸多限制。

其次，张近东建议政府围绕物流服务、线上线下零售平台等方面能够助推国际贸易效率提升和规模化发展的业务能力，建议在"一带一路"战略中形成专项扶持计划，优先鼓励与支持，构筑"一带一路"战略发展的O2O新渠道。

打造"苏式新零售"

作为零售企业，苏宁一直在运用互联网、大数据等新技术，开展精准定制、精准营销，积极推动供给侧结构性改革。

2016年至今，越来越多的线上企业在往线下走，而线下零售商纷纷拥抱线上，这意味着线上线下融合的O2O零售模式已经到了全面凸显的时候。

谈及对于线上线下发展趋势的体会，张近东表示："自2009年以来，苏宁保持了稳健的战略定力和战略自信，当社会上忙于争论电子商务和实体零售谁能胜出时，我们默默地探索自己的互联网零售模式；当人们兴高采烈、盲目地以为新零售到来，电子商务已死时，我们则更加坚信互联网零售、物联网服务的发展前景。苏宁的互联网零售从变革的第一天起，就坚持零售并不存在线上线下之分，互联网只是工具和手段，最终必然会像阳光和水一样成为行业的标配，线上线下融合是大势所趋。"

数据显示，2016年，苏宁线上业务增长60.14%，连锁店坪效同比提升19.49%，线上线下双渠道协同优势正在凸显。

据张近东透露，2017年，在一二线城市的核心商圈，苏宁将重点围绕互联网品牌、中高端产品，打造中国最大的"品质生活体验基地"，真正让苏宁云店成为中国"工匠精神"的代表；在农村市场，苏宁今年要在

2000家苏宁易购直营店的基础上，继续推出"千店计划"，新开1000家直营店，加速品质生活向田间村头覆盖；与此同时，苏宁还要进一步推动更多新业态的落地，致力于提供社区便利服务的苏宁小店，以及专注于垂直类目经营的苏宁超市店和苏宁母婴店，这些互联网零售新业态都将在2017年形成加速落地、规模化运营的新局面。这也就意味着，在苏宁的零售集群里，每一款产品，每一个用户群体，每一个市场都有差异化的渠道与之对应。

张近东向《时代周报》记者表示："苏宁的核心竞争力是我们这20多年一直坚持，一步步建立起来的供应链能力、物流服务能力、信息化、大数据云计算的技术能力，未来这个优势还会不断增强。"

对话张近东：多元化时苏宁在讲什么？

近年来，苏宁积极拥抱互联网，除了零售核心业务，苏宁还布局了地产、金融、文创、体育、投资等多个领域，这被外界视作是张近东对苏宁大刀阔斧的变革，转型过程中亦曾遭遇不小的挑战和非议。

日前苏宁最新披露的成绩单显示了其转型成效。2016年业绩快报显示，苏宁云商去年实现营业收入1486.8亿元，同比增长9.69%，其中线上业务线增长迅猛，同比增长60.14%，连锁店坪效同比提升19.49%，超过八成的苏宁易购直营店在去年12月实现了单月盈利。

张近东提出的智慧零售究竟是什么？苏宁的多元化与多产业布局围绕怎样的战略思路？来的国际化如何发展？针对这些问题，《时代周报》记者对张近东进行了独家专访。

时代周报：你此前在两会时做了大力推动实体零售向智慧零售转型的发言，智慧零售和实体零售之间存在一个什么样的"量变"？转型的路径是什么？

张近东：所谓"智慧零售"，就是运用互联网、物联网技术来感知消费习惯，预测消费趋势，引导生产制造，为消费者提供多样化、个性化的产品和服务，这是大势所趋。

而要推动转型，要发展智慧零售，首先要拥抱时代技术，创新零售业态，变革流通渠道。只有打造与商品属性最匹配的实体场景才是最佳的零售业态创新。

近年来，移动端在网购中的占比达到接近80%，成为网购主渠道，因为手机和消费者融为一体无缝对接，所以未来实体零售渠道的变革要么是让实体渠道越来越贴近顾客，要么是让顾客越来越容易和喜欢接近实体渠道，应该说只有贴近用户的渠道和用户容易贴近的渠道才是好渠道。

其次，要从B2C反向C2B，实现大数据牵引零售。传统实体零售看得见顾客，看不见顾客行为，更看不出顾客未来的行为趋势，但在网购平台中，顾客行为被完整记录，加以一定的算法模型，就可以预测顾客未来的行为趋势。

不过，我们要应用大数据技术，但不能迷信大数据，因为大数据永远是过去时数据，和未来关系没有必然因果关系。所以，大数据的价值不在于算，而在于做，要大胆假设趋势、快速推进实践、动态调整计划。

大数据在智慧零售的变革中，最重要的是改变传统零售的B2C供应链管理模式，建立由零售商发起的C2B反向驱动供应链管理模式，通过数据牵引，发展逆向供管，精准匹配供需关系，打造数据化的供应链增值能力。在这方面，近年来，我们也做了大量探索，并初步形成规模发展的效应。

第三，需要运用社交化客服，实现个性化服务和精准营销。

时代周报：国家提倡大力振兴实体经济，苏宁在这个范畴可做些什么？

张近东：中央提出去库存、去产能、供给侧改革，目的就是要解决长期以来的供需矛盾。这看似是生产制造企业需要思考的问题，而我觉得零售商可以扮演很重要的角色、承担更重要的责任。因为我们直接与海量的用户打交道，并且可以将用户需求数据化、轨迹化，并通过大数据挖掘找寻消费规律，针对性的精准营销，如此一来，不仅可以帮助供应商快速解决已有的库存，更能通过C2B反向定制等方式，推动供应商精准研发和按需定产。

此外，我们也明确提出愿意将供应商视为命运共同体，不仅要大力度扶持他们发展电商渠道，还要为他们提供流量、运营、数据、物流、金融和客服等一系列资源支持，共同建立C2B反向驱动的供应链管理能力，带动上游产业的升级发展。

时代周报：苏宁金融去年实现交易规模近5000亿元，与此同时，苏宁在文化、体育产业方面进一步进行大量布局，展开多元化背后，苏宁是基于一个什么样的发展逻辑？

张近东：在集团多产业布局上我们始终坚守零售本质。纵观集团的六大产业布局，我们不是多产业平行布局、多元化的独自发展，而是以零售为核心，顺应互联网时代，构建零售核心资源，打造零售产业生态，实现互联网零售的转型和可持续发展。各产业围绕零售，搭建前台后台，提升竞争实力；丰富商品类目，提高用户黏性；衍生产品服务，提供增值利润；丰富IP内容，提升品牌效应。但无论未来苏宁还将衍生什么产业，都是为了互联网零售的深化和优化。

（原文刊发于《时代周报》2017年3月14日第431期）

任正非眼中的"重要玩家"

李瀛寰

> "华为终端要成为这个领域重要的玩家，到2012年，销售额要超过100亿美元。"任正非在内部的一次讲话上，几句话就为华为终端的方向定了调，大手一挥，也给华为终端的全体人员下达了几乎是"不可能完成的任务"。
>
> 2010年，华为终端的销售额是45亿美元，两年后，就要达到100亿美元。但这就是任正非，这也是华为在终端领域给自己的"战书"。

不瞄准苹果，走自己的路

华为的第一款手机，就是3G手机，那是在2003年。

回忆起第一款华为手机的诞生过程，华为终端新闻发言人张晓云仍历历在目。"2003年，华为在阿联酋获得了第一个3G合同，但是这个合同需要手机配套，后来华为去找手机供应商时却发现，所有的手机供应商都是系统供应商，这促成了华为终端公司的诞生。"

华为第一款3G手机型号是U626，这款手机从2003年开始设计，开发周期大约10个月。当时的3G手机款式很少，华为参考了一些日系的手机设计，这款手机有一些日系手机的元素，如屏幕特别大。

但在产品开发过程中，华为还是遇到了很多挑战，如不熟悉手机开发流程，为了解决这个问题，华为在IPD流程的基础上结合韩国公司的实践，摸索了一套适用于手机的初始研发流程。此外，"与高通芯片开发的磨合，也是很花精力的，双方的工程师经常一起攻克技术难关"。

而在产品结构设计方面，批量一致型也给华为的供应链带来很大挑战，这期间，华为为了第一款手机经过了反复的试验验证。

当第一款产品终于拿到运营商客户面前时，"有称赞的，毕竟当时3G手机能真正商用的屈指可数。虽然当时市面上的选择不多，但我们自己认为还有很多的改进空间，在后续的产品中不断优化设计"。张晓云如此说道。

华为是从网络系统成长起来的，华为最早做终端，是为了与系统设备配套，然而随着3G的日益普及与移动互联网的发展，华为发现，单一的网络不是一个完整的解决方案，从系统优势延展到消费者，再延展到业务和应用，提供端到端的用户体验，这才是运营商的需要。而运营商客户的需要，就是华为的方向，这正是任正非一直坚持的华为战略。

八年里，华为终端迅速发展，事实上，也促成了华为今天"端管云"战略的形成。

华为"端管云"战略，仔细分析就是开放平台，构建以"端"为中心的生态系统。"管"是华为通信设备和基础设施，华为通过打通部门之间壁垒，让"管道"发挥作用，优化手机端、移动宽带、融合终端的上网能力，提升产品竞争力。

华为终端CEO万飚认为，作为"云管端"战略中重要一员，终端市场对华为整体发展的重要性日益凸显，终端成为带动华为整体增长的发动机。

华为在设备制造领域是全球第二，仅次于爱立信，在终端领域，也排在全球前五名。在系统和终端两个领域共同迈进，这正是华为的"端管云战略"，这也是华为终端与这些传统的手机品牌企业都不同的地方。

华为在手机市场上并没有把手机厂商的"全民公敌"苹果当成目标，事实上，华为终端要走的，只是自己的路。

❝ 做一个真正的玩家

任正非给华为终端的任务是"重要玩家"，但在成为重要玩家之前，华为要先成为真正的玩家。

华为第一款手机从2003年问世之后，就专注于运营商市场，并没有直接面向大众消费者，以B2B的模式发展。透过运营商的通道，从产品层面捕捉消费者需求，制造让消费者喜爱的产品。所以，当华为终端产品已经遍及全球500多个运营商，成为中移动、中联通、中电信、Vodafone、T-mobile、BT、Telefonica等运营商的终端战略合作伙伴，并成为全球全部Top50运营商的合作伙伴时，公众对华为终端的认知度还并不高。

时至2010年底，华为终端的战略开始有所变化。在与运营商合作的同时，以自有品牌开始涉足大众消费市场，塑造华为终端在大众市场的品牌形象。对此，华为终端CMO徐昕泉表示，华为之所以转型，一个很重要的原因是目前运营商转售市场商业模式正在发生改变，"即使以中国市场来说，运营商集采的商业模式也在逐渐向社会采购模式转移"。

华为终端的商业模式其实是B2B2C，与运营商合作辐射用户市场。华为一直的优势在运营商市场，此前华为终端立足优势领域，等时机成熟，再谋拓展。

其实，这也正是任正非"稳扎稳打"的思路。华为的一切变化，无不是"顺势而动",只有市场需求的变化才能让华为"转型"。

在运营商市场,华为已经地位稳固,但在大众消费市场,华为还是新玩家。

从只面向50个大客户的运营商市场到面向数以亿计的消费者市场转向,这是华为终端面临的最大挑战。华为终端开始了大众消费市场的新玩法。

2010年12月21日,华为终端正式发布其移动互联网战略,名为"汇智·简悦"。这是华为终端真正面向大众消费市场的开始。当天,华为终端就推出了HiQQ手机,整合了腾讯十多款手机应用。

也是去年12月25日圣诞节,华为终端举办了"I Wanna C U"平安夜何炅微博粉丝见面会,开始与消费者"第一次亲密接触"。新年伊始,华为终端首批品牌店1月21日,在北京、上海、深圳的核心商圈同时亮相。

4月28日,华为智能手机开发者大赛在北京火热启动,开始涉足应用商店。

在销售渠道上,华为终端也开始了多种尝试。"以京东商城为例,目前上线3款机器,2个月时间内翘尾效应非常明显,增长速度超过预期,电子渠道代表未来渠道发展方向。"据华为终端中国区总裁杨晓忠介绍,华为终端在电子渠道市场的布局才刚刚开始。

从产品、市场、应用开发到与消费者亲密接触,华为终端在大众消费市场的玩法开始与传统的手机企业如出一辙。

先做一个大众市场的真正玩家,再结合自己独有的"端管云"战略以及在运营商市场的多年积累,图谋更大的发展,这才是华为终端谋求"重要玩家"的路数。

独家专访华为终端CEO万飚:三年进入全球五强

时代周报:任正非表示,华为终端要成为重要的玩家,那也就意着华为终端在产业链里将做到有足够大的影响力。目前，能做到这样的应该只有苹果。那么，华为终端要如何做、做到什么程度才能算是"重要的玩家"？

万飚："重要的玩家"要能在硬件、软件、业务上建立传略控制点和能力，包括对未来云计算互联网OS的能力。器件上能与主要的供应商紧密合作，具备产品快速商用的能力。

用华为语言来讲即"端管云"，华为因为是从"管"发展起来的，我们对"管"有很深刻的理解，把"管"和"端"的优势集成起来，提供给最终消费者更好的用户体验，这是我们发力点。

时代周报：据了解，华为终端还将大力挺进智能手机和平板电脑市场，成为这个行业的重要玩家。是不是仅是市场份额达到了就可以了？华为要想成为重要玩家，最核心的关键是什么？产品？知名度？还是其他？

万飚：我们的商业目标是3年内成为全球第五大手机制造商。我们的目标是以消费者为中心，致力于成为全球最具影响力的智能终端品牌。品牌建设是长期积累的过程，百年老店不是一朝一夕建成的。这个行业内很多的昔日英雄都落寞了，也证明了没有好的产品，光谈品牌如同空中楼阁。我们首先强调产品力，我们认为品牌的基础是产品，完善的产品布局和卓越的用户体验是建立品牌好感度的基础，在此基础之上，配合有计划、有步骤的品牌建设。

时代周报：在一次采访中，你提到，"华为终端未来几年，一方面明确要树立自己的品牌"。这个品牌到底应该如何树立？以什么样的标准来衡量？华为准备用多长的时间真正树立起自己的品牌？

万飚：华为的品牌策略是首先把华为品牌从一个已经熟知的B2B品牌扩展到消费者领域，并通过一系列的举措和营销活动在2013年初步建立消费者对华为品牌的忠诚度，使得消费者认识并喜爱华为手机。

具体分三步走：首先是2011年开展品牌知识工程，包括品牌管理架构等，聚焦关键市场开展传播活动，打造明星机型；然后是2012年加强在目标用户中的品牌认知，提升华为品牌的能见度，在更大范围内提升品牌影响力；第三个阶段是2013年提升在全球的品牌影响力，撬动华为品牌的影响力牵引本地市场。上述3个阶段是从点到线再到面的过程，2011—2012年侧重品牌认知（能见度）的提升，2013年侧重品牌偏好度的提升并逐步向品牌忠诚度提升迈进。

时代周报：在产品发展策略上，华为终端已经开始向高端手机挺进。下一步，中高端机型会占多大的比例？华为终端注重产品的差异化，但是，除了苹果之外，众多Android手机相继问世，同质化竞争更激烈，要做到差异化越来越难。华为如何坚持自己的差异化策略？

万飚：中高端机型从品种数量上会占50％以上。华为智能手机预装本地化和热门的应用，并且用户可在华为"智汇云"应用商店选择适合自己的个性化应用；华为聚焦并不断优化"用户体验"设计，如开发3D用户界面；华为对于下一代战略制高点——LTE手机巨大投入使得用户有机会体验最新科技的产品。

我们看到手机未来发展有两个趋势：一方面手机越来越像迷你电脑，其关键要素是硬件设计和操作系统；另一方面，对于手机的功能和业务市场需求是差异化的，手机产品要提供给不同市场符合当地独特文化和语言的包装。如在世界上许多地方，iPhone未必符合当地的沟通习惯。运营商不得不解决这些需求，而华为的强项正是理解运营商的需求，更好满足当时市场的差异化需求。

时代周报：在产品设计上，华为有何考虑？

万飚：以后华为的明星机型都会以"华为+产品名"形式出现。折叶手机展示了我们创造多种体验的使命以丰富并简便用户生活的品牌承诺，我们有能力将外形的卓越美感与技术的实用性有机结合起来。未来，华为将更加聚焦用户体验的提升，并在产品定义上强化华为的设计元素，提升设计感。

时代周报：针对北美市场，华为终端与哪些运营商已有合作？北美市场，预计今年会占到华为终端多大的市场份额？在系统设备市场，华为一直没有真正进入北美，终端领域的突破是否能为整个华为的北美发展打开大门？

万飚：华为终端与美国全部的大运营商都已有合作，就终端的收入而言，2010年北美增长率达到200％以上，占全球市场的近12％。2010年9月华为在美国发布一款名为Ascend的智能手机，运营商Cricket智能手机销售收入超过90％都是由Ascend创造，感恩节期间单周零售量高达5万。一个月后，Ascend也被引入到运营商MetroPCS的渠道中。2011年开始之前，主要在美国市场出售。

终端产品作为排头兵进入了北美主流运营商的大门，通过产品口碑的积累，包括产品质量、售后服务、响应速度等，运营商建立起与华为终端的伙伴关系。2011年，华为终端在北美目标是收入翻番，这是一个理性的目标，北美市场的规模有300亿美元以上。

（原文刊发于《时代周报》2011年5月16日第129期）

王兴不设边际

陆一夫

> 从美团和大众点评合并到将业务拓展到O2O每一个细分领域，美团点评最近又完成新融资，O2O的战争远没有结束。

"希望我们打车业务试点成功吗？" 2017年10月19日下午，已有两年未与媒体会面的美团点评CEO王兴将一个问题抛给了《时代周报》记者。

这句问话同时也回答了一个问题，那就是王兴为什么会突然现身媒体面前。当日，美团点评完成了新一轮40亿美元的融资，这轮融资过后，美团点评的估值将上升至300亿美元级别，在全球未上市科技公司估值名列第五，而美团点评也将渗入更多的领域。

两年前的10月8日，大众点评网与美团网宣布达成战略合作，促成了O2O领域有史以来最重磅的合并，也就此确立了领先优势。当时合并后的美团点评进行了一轮融资，估值达180亿美元，是国内最大的O2O平台，众多投资者寄望于这一合并能推动其实现盈利乃至上市。

然而市场正在起变化，美团和大众点评的合并没有直接结束O2O领域多方博弈的局面，分别背靠着阿里和百度的饿了么、百度外卖相继登场，O2O "三国鼎立" 的竞争态势维持了两年时间，直至两者在今年8月正式宣布合并，中国O2O战场才迎来双寡头格局。

从闪电战到持久战，美团点评在这一过程中不断扩宽自己的边界和护城河，战火烧至O2O的每一个细分领域。从最初本地生活电商的定位，进化至如今包括电影票务、酒店旅行乃至网约车的综合性平台，美团点评在短短两年时间内构筑起一幅O2O帝国蓝图，背后的操盘者王兴有着清晰的认知：美团点评不应该自设边界，这场比赛也不以成功上市为终局，甚至应该默认竞争将长期存在，O2O的矛盾之争将会是一场加时版的马拉松比赛，任何一方都难以轻松获胜。

眼下，美团点评各条业务线的竞争对手正在集结，大有联合成盟军的趋势——在OTA（Online Travel Agency，在线旅行社）巨头携程宣布与口碑达成战略合作后，市场上又传出了滴滴计划向饿了么投资20亿美元的消息。

王兴

经历过7年前百团大战最终活下来的美团点评，接下来将如何接招新联盟的冲击？这一笔40亿美元的融资，又是否会成为O2O大战的胜负手？

❝ 新融资加码技术创新

腾讯继续领投本轮融资，打破了近期的诸多谣言。去年美团点评宣布收购钱袋宝，这被外界视为是摆脱微信支付依赖的动作，在王兴看来这是被误解。"钱袋宝对于美团的意义不光在支付牌照，更大的价值是商家的收单，这对我们是更有意义的事情。"王兴表示，不光是C端的消费者支付，美团点评还要整体跟商家合作，掌握支付牌照后才能更好地为B端商户服务。

值得注意的是，The Priceline Group是美团点评此轮融资中的第二大投资方。Priceline是美国也是全球最大的OTA平台，今年第二季度净利润高达7.202亿美元，相当于同期携程净利润的60倍之多。

与此同时，它也是携程第三大股东。2015年年底相关数据显示，Priceline持有12.63%的携程股份，此外Priceline还拥有在公开市场收购总量不超过15%携程股份的权利。

中国电子商务研究中心生活服务O2O部助理分析师陈礼腾向《时代周报》记者表示，当下国内的在线旅游市场，大量优质资源被携程把控，Priceline有了携程这一个重要的"棋子"，还投资美团点评并与美团旅行进行战略合作，可见这位国外OTA巨头Priceline正在加深对中国在线旅游市场的渗透。

因此，此次Priceline入局美团被视作是加码中国市场的举动，同时也是向携程表达不满。有业内人士向《时代周报》记者表示，去年年底以来，携程不断加大国际化布局，收购天巡、与美国三大旅行社企业纵横、海鸥、途风达成战略合作等一系列举措已经触动了Priceline的利益。

美团点评高级副总裁陈少晖透露，美团酒旅一直与Priceline有业务合作，这次投资是由Priceline主动提出，"双方在很短时间内就达成协议，我们相信Priceline将给美团酒旅带来很好的住宿等优质资源供给"。

对于这一轮融资，美团点评官方称将在人工智能、无人配送等前沿技术研发上加大投入，而非外界所想的要继续烧钱打仗。美团点评高级副总裁兼餐饮平台总裁王慧文就表示，美团点评在无人车配送业务上已经探索了一段时间。

"尽管最新融资了40亿美元，但很多基础设施还需要建设。"美团点评高级副总裁陈少晖也强调，烧钱之前是为了教育用户，现在是整个互联网行业的布局都在向基础设施以及产业链上渗透。

█ 确保餐饮优势

目前在美团点评的业务版图中，最为核心的餐饮和外卖业务均已取得行业第一的领先优势，前者主要是得益于两年前美团和大众点评宣布合并，在一定程度上结束了到店餐饮的战争，新公司才得以将精力全面转移到新业务上；后者则是依靠流量和运营驱动，对饿了么形成弯道超车。

根据TrustData在2017年8月发布的报告称，2017年上半年中国外卖市场交易额市场份额中，美团外卖占比45.2%位居第一，饿了么、百度外卖以36.4%和6.3%的市场份额居于二、三位。此外，该报告还指出，美团外卖商家端APP的活跃度几乎达到饿了么的两倍。

更重要的是，目前外卖市场的渗透率仍然很低，未来线上化的空间依然非常广阔，流量在外卖市场的竞争中仍起到关键作用。此前美团点评副总裁兼外卖和配送事业部总经理王莆中向《时代周报》记者表示，对比中美的情况来看，国内的外卖市场渗透率并未达到极限。"未来外卖渗透率的增长，3年至少有3倍以上的空间，当然餐饮本身也在增长。线上化率会越来越高，我认为会接近95%。"

而流量恰恰是美团外卖最大的优势之一。除了拥有独立的APP外，美团外卖在微信、美团APP、大众点评APP等流量平台上都有着明显的位置入口，这也促成其56%市场份额的地位。

不过这并不意味着战事已经结束，特别是早前饿了么与百度外卖完成合并后，外卖市场将只剩下两大玩家，而且饿了么背后还有阿里的全力支持，接下来一场恶战在所难免。

王兴认为，几乎每一个行业都存在着两个甚至更多的玩家相互竞争，但他把竞争分为足球式竞争和拳击式竞争，前者的目标是把球踢进球门，后者则是将对方打倒。"美团点评的竞争是足球的竞争。"王兴在这次采访过程中反复强调，美团点评是一家使命驱动公司，因此"开放合作"是无法绕开的命题。

在沟通会上，美团点评披露称，目前已经与619家餐饮ERP服务商达成合作，同时投资了52家与美团点评生态相关的企业。另外，王兴还透露今年年初成立的产业基金"龙珠资本"已经完成首轮募资，资金主要来自美团点评、外部的投资股东和产业的投资人，募资规模也从原定的30亿元人民币提升到50亿元人民币。

"我们是一个尊重客观规律的公司。"王兴表示，开放合作的事情到底是应该自己做，还是和投资人做，还是收购进来或者拆出去，都要注重客观规律，怎么样更利于业务发展，更有利于团队的积极性，"心态开放的底层是尊重客观规律"。

发动边界之战

在王兴眼中，美团点评不应该自设边界，他认为太多人关注边界，而不关注核心。"你可以把边界理解成万有引力，每一个物体因为质量的存在，它会产生引力，会影响其他所有物质。差别就在于——离核心越远，影响力越小，或者是它本身的质量越小，变得影响力越小。"

　　而支撑这一引力的，是美团点评的资本和效率。事实上，美团点评并不差钱，公司营收也保持着高速增长。2016年美团点评的交易额高达2400亿元人民币，同比增长50%，预计2017年交易额将达到3600亿元。此前王兴还透露，在今年5月，美团点评已经从亏损到整体盈利，目前账上有200亿元人民币现金。

　　但考虑到另外两条战线——酒旅和网约车业务的战争才刚刚开始，美团点评有必要为下一阶段做准备。目前酒旅市场的最大巨头无疑是携程，其占据了超过八成的市场份额；网约车市场则由滴滴把持，即使网约车新政出台也无碍其垄断移动出行领域。

　　不过美团点评的进场，打破了这种一家独大的僵局。

　　在携程看来，尽管美团点评需要应付多项业务，但其在酒旅领域的迅速壮大已经形成新威胁。据了解，去年全年美团点评双平台的酒店间夜量（每间客房的入住天数）超过1.3亿，门票销售6700万张，机票销售200万张，火车票800万张。王兴甚至直言，估计再用1—2年，美团酒旅会超过整个携程加艺龙再加去哪儿的间夜数。

　　而网约车业务是美团点评的新尝试。王兴曾解释称，美团点评做打车是因为现有网约车不能完全满足用户的需求，基于位置的服务（location based service）也是美团点评所擅长的领域。对于滴滴来说，目前美团打车只是在南京上线，不过一旦其全面铺开，原本已经缩水的网约车市场将面临被外敌瓜分的危险，这是滴滴无法接受的打击。

　　敌人的敌人就是朋友，这一句话在商业竞争中体现得淋漓尽致，站在美团点评另一边的盟军正在集结。9月25日，口碑与携程美食林宣布达成战略合作。携程美食林将打通口碑的餐厅人气值、用户评论、商家优惠等体系，为用户提供出行美食参考。与此同时，饿了么再次传来20亿美元的融资消息，而领投的正是移动出行平台滴滴。

　　餐饮和网约车的交集早已有了先例，而且其商业模式已经得到了验证。2016年1月，打车应用鼻祖Uber正式推出其独立送餐应用UberEats，将送餐服务应用在网约车身上。Uber披露数据称，在2016年3月至2017年3月期间，UberEats司机的出行次数增长24倍；截至今年7月，在其覆盖的108个城市中，有27个城市的UberEats送餐服务实现盈利。

有了UberEats的成功案例，国内的互联网公司也希望复制"网约车+送餐"这一商业模式，这也是为何滴滴与美团点评即将正面交锋的利益所在。此前滴滴曾以4亿美元战略入股饿了么，但双方并未在网约车送餐上进行试水。

对于目前打车业务的情况，王慧文解释，美团点评的新业务往往有比较长的试点周期，是否继续扩张要看试点反馈，计算投入产出比。他向《时代周报》记者表示，从今年2月试点至今只有八个月时间，暂时还没有结论。

（原文刊发于《时代周报》2017年10月24日第463期）

百度变阵人工智能

陆一夫

> 陆奇加入百度，关停医疗事业部，布局人工智能，大刀阔斧改革，百度将走向何方？

2017年4月18日深夜，上海汽车展的前一天，陆奇悄然抵达上海。几乎没有记者和媒体知道，陆奇此番来沪，目的是参加上海车展。

因此，当他在一间破旧的小会议室里，宣布百度将向所有合作伙伴免费开放无人驾驶技术时，这一消息震撼了整个无人驾驶领域。

距离1月17日上任百度COO一职已满百日，陆奇每一次露面都受到外界的密切关注，这一切皆因当前的百度，急需陆奇这一剂强心针注入活力。

在百度宣布陆奇加入后，原微软中国总裁唐骏给他写了一封公开信，信中唐骏劝陆奇"不计名不计权、不计较分工和得失"。"至少短期内你不要想去改变他们，也许在你的任期内也不能改变他们。刚开始你会觉得很无助甚至会生气，但是你需要慢慢适应，因为你改变不了。"

但实际上，陆奇对百度大刀阔斧的改造让外界震惊。从关停医疗事业部到重整无人驾驶业务，陆奇在短短一百天的时间里重新确立了百度在人工智能领域的新思路，并以迅雷不及掩耳之势对其完成新一轮布局。

经过了吴恩达时代的厚积薄发，百度的人工智能在进入陆奇时代后迅速迈进商业化阶段，尤其是在无人驾驶业务上，陆奇对外抛出的阿波罗计划堪称是一颗震惊业界的核弹。以开源的思路聚集全球的车企和开发者，百度重新沿袭了过去以技术驱动公司发展的思路，为人工智能的商业化率先奠定了基础。

自2010年叶鹏离职后，百度就没有再设立COO，这一职位长期悬空，直至陆奇的加盟，李彦宏才重新恢复了这一职位。李彦宏的放权，为陆奇的维新提供了绝对的权力以及操盘的空间。

从硅谷到北京，从微软到百度，百日过后，陆奇的这趟"冒险之旅"正式开始。

重新布局AI业务

4月28日恰好是陆奇任职百度COO百日，这一天百度也公布今年第一季度财报。报告显示，百度一季度营收为人民币168.91亿元，同比增长6.8%；按美国通用会计准则计（GAAP），归属公司上市部分的净利润为人民币17.77亿元，同比下滑10.6%。

陆奇在财报分析会议上继续强调AI在百度业务上的应用前景。"通过对AI技术的创新应用，百度可以进一步改善用户的搜索体验，进而拓展我们的搜索流量。在点击付费方面，我们也会采用AI技术，让公司的搜索服务更懂用户的搜索需求，我们也会向广告客户提供更多更有效的广告产品。"

在陆奇上任后的这100天里，百度的一系列剧变远超过去5年。当李彦宏确立人工智能为百度十年战略后，陆奇就着手对百度原有的组织架构进行了新一轮调整，与人工智能无关或成绩不突出的业务遭遇叫停。

首当其冲是百度医疗事业部。这个成立于2015年1月的事业部，主要负责整合百度原有的各项移动健康和医疗业务，不过却停留在在线挂号等基础服务上，没有真正体现移动医疗的优势。

其次是原度秘团队升级为度秘事业部，由陆奇直接负责。度秘是百度2015年推出的人工智能机器秘书，主要负责语音交互领域。在升级为事业部后，该团队迅速交出多份成绩单，包括与海尔及美的在智能家电上的合作，与国安广视推出电视盒子，以及联合ARM等厂商发布DuerOS智慧芯片，试图仿效亚马逊从硬件领域推广其人工智能解决方案。

最后是无人驾驶业务的大规模调整，除了吴恩达、王劲等悍将离职外，陆奇将原本的自动驾驶事业部（L4）、智能汽车事业部（L3）、车联网业务（Car Life etc）重组成智能驾驶事业群组（IDG），并亲自担任总经理一职。

而那些与人工智能关系不大的业务则开始被压缩和边缘化，包括百度外卖、糯米等O2O业务，以及游戏业务，均遭到裁减或被打包出售。据《时代周报》记者了解到，百度外卖正在与顺丰快递进行谈判中，但这一消息未得到双方的证实。

除了调整架构之外，百度还针对人工智能领域进行了两项收购，渡鸦科技和硅谷科技公司xPerception都被百度收入囊中，前者主要是针对智能硬件领域的布局，后者则专注于机器视觉软硬件解决方案。这两项收购都被视作是百度提速人工智能技术产品化的重要举措。

像百度这样市值高达650亿元的大公司，推动组织架构变革本身就是一件困难的事。不过参考谷歌在2015年的架构重整，就不难看出百度也同样希望借此对公司结构进行新一轮调整。当年谷歌将成熟的搜索业务和创新业务拆分，从而让创新业务对报表的影响降至最低。

艾瑞咨询CEO张毅向《时代周报》记者表示，前沿项目往往是九死一生，因此大公司为了向投资者交代，往往难以诞生现象级的产品，哪怕是像安卓系统这样具有巨大潜力的项目也并不是由谷歌内部研发出来。

> ## 无人驾驶的"安卓"

在百度公司总裁张亚勤看来，虽然目前的人工智能项目大多强调数据的积累以及算法的创新，但是未来将是应用场景的争夺。"做AI是个系统工程，包括数据、模型和解决方案，发展需要一个过程。未来AI行业的发展10%在于算法，20%在于技术，70%将在于应用场景和落地过程。"

"谁可以先切入到这个人工智能可以发挥作用的行业，谁就能够在这个行业里先发明、先创造出一种新的应用模式，能够更好发挥人工智能作用的应用模式。"创新工场AI工程院副院长王咏刚曾向《时代周报》记者表示，这和当年移动互联网时代兴起时涌现的O2O浪潮、分享经济浪潮一样，"当年这些公司不就是这么起来的吗？我相信在人工智能时代也会有这样的一批公司"。

毫无疑问，在所有人工智能项目中，无人驾驶是最大的应用场景。根据艾瑞咨询发布《2016年中国无人驾驶汽车市场研究报告》显示，2016年全球无人驾驶汽车市场规模为40亿美元左右，预计2021年全球市场规模将达到70.3亿美元左右。

百度无人驾驶项目的根基，源于当时由吴恩达和王劲等人亲自领命，他们在极短的时间里实现了从零到一：从2014年启动、2015年上路测试到2016年获得美国加州政府颁发的全球第15张无人车上路测试牌照的项目，短短三年时间里，百度无人驾驶的多项指标已经赶上谷歌，甚至在某些方面实现超越。

按照2015年百度曾披露过的规划，无人驾驶汽车将实现三年商用，五年量产，这意味着留给陆奇的时间已经非常紧张，而且这场仗只许胜不许败。为此，陆奇改变了过去吴恩达时代的思路，主动将百度所累积下来的无人驾驶技术对外开放，让一直处于实验室里的技术走进现实世界。

根据陆奇的介绍，阿波罗计划的开放内容包括车辆平台、硬件平台、软件平台、云端数据服务等四大部分。百度将开放环境感知、路径规划、车辆控制、车载操作系统等功能的代码或能力，并且提供完整的开发测试工具。

按照陆奇的说法，百度会先开放封闭环境的自动驾驶技术，今年底再开放城市简单路况的自动驾驶技术，直至2020年后高速公路和普通城市道路上的自动驾驶技术才会正式开放。

阿波罗计划无疑是百度扭转当下局面的一着险棋。虽然谷歌、Uber以及一众汽车厂商都在无人驾驶领域投入重金，但目前为止尚未有任何一家企业愿意将无人驾驶技术对外开放。一旦将车企拉拢到这个平台上，阿波罗计划有望成为下一个安卓，成为未来所有车辆的底层技术供应商。

事实上，在阿波罗计划推出前，百度在汽车圈已经有了众多合作伙伴，包括北京汽车、奇瑞、长安、比亚迪等超过60家公司，由百度研发的辅助驾驶方案（L3）已经应用在200多款车型上。此外，在高精地图、出行数据以及用户习惯等方面，百度也有了深厚的积累，这些优势是目前创业公司难以媲美的关键之处。

陆奇用"商业化"来形容阿波罗计划对百度无人驾驶业务的落地。"商业化是一个多维度的整体。阿波罗计划分四个部分，软件平台、硬件平台、感知能力、核心服务，这些部分都有商业化的机会。"

张毅认为，虽然目前谷歌、奔驰这样的巨头并没有对无人驾驶技术进行开源，但是这不代表阿波罗计划并没有存在意义。"当年诺基亚、摩托罗拉等手机巨头也曾试图推广自己的操作系统，拒绝加入到安卓的生态圈中，最终被颠覆的恰恰是它们。"他向《时代周报》记者表示，一旦足够多数量的车企和开发者聚拢到百度的平台上，这对于百度和车企而言是一次双赢的合作。

❝ 重返技术驱动

阿波罗计划的最大意义，或许不在于百度从此奠定无人驾驶领域上的地位，而是百度回归到2000年时刚成立的状态——那时的百度是一家纯技术输出而非流量分发的公司。

2000年1月成立之初，百度的目标只是为每一个互联网用户提供可靠、有用的信息，为此每一名程序员和工程师不断优化搜索效果，让信息的分发更加精准。这一简单而长远的目标，让百度赢得了国内市场的激烈竞争，最终跻身互联网公司中的前三名。

通过技术驱动公司向前，是百度取得成功的主要原因。随着这种思路的再次确立，人工智能有望让百度重回昔日的巅峰水平，甚至有望实现弯道超车。近日张亚勤在世界移动互联网大会上就表示，百度已经将AI作为公司未来主要的发展方向，百度所有的资源和技术都将押注在AI上。未来百度的AI打法，首先要做人工智能操作系统，做成类似于Windows和Android一样的操作平台；其次，是做开放的平台生态系统，将AI跟更多的应用场景结合。

但在人工智能真正实现落地前，百度的营收只能继续依靠网络推广业务来支撑，这导致公司内部KPI文化盛行，让网络推广陷入恶性循环中。根据百度2016年财报显示，公司全年实现营收705亿元，但网络营销营收为645.25亿元，占比高达91.5%。

陆奇的到来，将有望修正这一死结，重新恢复百度过去一直坚守的工程师文化。众所周知，他被视作是硅谷中最具权势的华人，其履历和技术之丰富能够为百度吸引更多的人才。此外，近年来百度的高管更多地来自销售或市场部，如掌管百度现金牛业务的向海龙，就是从分区经理一直升任至如今的副总裁。

早年，百度的技术人员占比超过8成，但如今这一比例已经跌破30%，而销售、市场人员的比例却高达70%，这在某种程度上影响了百度的文化体系，最终与早期的价值观发生偏离。去年李彦宏在接受《财经》专访时就表示，那些新加入的人，包括百度的高层，可能对百度的价值观还有误解。他担心的是，随着百度员工规模的膨胀，这将直接稀释早期百度的价值观。

如今陆奇已上任百日，但维新刚刚开始。在给百度真正完成刮骨疗伤前，陆奇还需要面对来自公司外部的各种挑战——无论是今日头条还是微信搜索的挑战，摆在陆奇面前的不会是一片坦途，他和李彦宏的联手成功与否，都需要交由时间来验证。

（原文刊发于《时代周报》2017年5月2日第438期）

第二章

群雄逐鹿

　　如果你要说中国互联网中最耀眼的是BAT，这肯定没错，但拨开云雾会发现，在BAT的背后，站着一批当年的创业精英与业界枭雄。他们是中国互联网里面的中坚力量，也形成了中国互联网当前强大的力量。

　　著名的3Q大战之后，周鸿祎一战成名，360从此崛起；刘强东的电商大战，让京东在众多电商平台中脱颖而出，快速发展，多年后京东已经能够与阿里相抗衡；张一鸣在BAT的穹顶下，头条系生长，羽翼渐丰；程维依靠强大的执行力与地推能力，成功拉起网约车大旗，最终将外来者优步击溃……当然，在BAT笼罩下的突围并非易事，有些公司最终选择了背靠一棵大树。

刘强东、周鸿祎、雷军、王兴、姚劲波、张一鸣、程维、王小川……这批强大的互联网从业者，抓住了互联网的黄金时期，成为了业界的顶尖人士。事实上，正因为有这样一批强大的第二极，让今天的中国互联网经济变得基础深厚，他们也在不断影响着互联网行业的发展与变革。

龚宇的野心

李瀛寰

> 百度网络视频公司奇艺上线，如何才能引领影视娱乐产业的未来？

"不排除5年之后，奇艺将购买大的电影公司或者电视剧公司。"2010年5月31日，百度旗下独立网络视频公司奇艺CEO龚宇不经意间如此说道。

而这个说法，恰恰暴露了奇艺和龚宇隐藏已久的野心。

一个月前，百度旗下的网络视频公司奇艺正式上线。百度创始人兼CEO李彦宏任奇艺公司董事长，龚宇担任奇艺公司CEO。此前，龚宇曾担任无限讯奇（12580）首席运营官和搜狐首席运营官（COO）。

"互联网企业与12580是不同的商业模式，互联网行业更依赖市场与用户，而12580更依赖政策，我更熟悉的领域是互联网行业。"龚宇对《时代周报》记者坦诚地说道。

奇艺——没有"网"字——想做一家能引导未来影视、娱乐产业的公司，有一天也许会成为互联网界的华谊兄弟。但龚宇领导下的百度奇艺会怎么做？如何实现这个梦想？日前，龚宇接受了《时代周报》记者的专访。

❝ 用户体验就是标准

时代周报：奇艺一直强调，要做行业最好、最优秀的网络视频，奇艺是否有个标准？

龚宇：标准是两方面：一个是业内的，以自己目标为设定，全部集中在用户的体验上；另一个是普通用户的评价。我们自己评价有很多技术指标，比如流畅程度，全国超过30个点，奇艺一直在做测试。而在用户体验方面，在网站测试阶段，就请常看视频的用户来看，试用奇艺，然后再做一对一和一对多访谈，从而改进我们的产品。

时代周报：百度目前并没有把对奇艺的搜索放在最前端位置，百度到

龚宇

底能给奇艺带来什么？

龚宇：这是阶段性的，百度对奇艺的支持会逐渐增加，百度作为搜索引擎肯定要保证用户体验。随着奇艺的网络铺开、内容的增加、用户体验更好，百度对奇艺的宣传会逐渐增加。百度对奇艺的支持有三方面：一是流量；二是，百度品牌对奇艺的帮助是潜移默化和巨大的；三是，百度数据对我们帮助很大，比如搜索电视综艺节目、电影、电视剧搜索排名。

❝ 集中资源做好渠道

时代周报：目前，有些视频网络公司开始制作网络自制剧，这是不是应对版权压力的一种出路，奇艺是否会自制网络视频？

龚宇：奇艺对网络视频公司介入内容创作采取比较慎重的态度。第一，网络视频公司介入视频内容创作，根本解决不了网络视频公司版权采购成本高的问题；第二，网络公司制作视频内容质量得不到保障；第三，现在市场确实有需求，广告主需要低成本的植入性视频内容做营销。但奇艺也会做一些尝试，建立了互动艺创事业部，是做视频原创的。

时代周报：HuLu（美国一家视频网站）模式在美国能成功，但在中国如何发展？奇艺当下的发展重点是什么？

龚宇：媒体的都知道两个核心要素：一个是渠道，一个是内容。美国内容是高度垄断的，6家媒体公司占的市场份额非常大，大致超过70%，但是中国视频内容极其分散，任何一家公司或者多家公司合起来也不会占市场主导的，所以渠道的主导性更强，奇艺应该集中资源做好自己的互联网传播渠道。

预计2013年赢利

时代周报：奇艺正版高清的模式得到用户的认可了吗？奇艺准备何时赢利？

龚宇：现在已经有些广告客户投放了。6月份会有大批广告主投放。目前，奇艺网的广告投放客户主要来自品牌广告主，已有中国银行、蒙牛、创维、美的等公司投放广告。我们预计，2012年实现单季盈亏平衡，2013年实现盈利。

时代周报：奇艺会跟一些影视公司合作吗？比如中影？

龚宇：有可能。我们要做就做出电视、电影能播出的质量，对奇艺而言，我们要做中国的"Hulu"。

时代周报：目前奇艺的采购成本是多少？未来有何发展计划？

龚宇：我们目前的合同金额接近2亿。有些签到明年或者后年，但是不排除五年之后奇艺买大的电影公司或者电视剧公司。内容和渠道永远是博弈的，这个阶段重点是渠道，未来的某个阶段，重点才是内容。

（原文刊发于《时代周报》2010年6月21日第83期）

雷军周鸿祎竞与合

李瀛寰

> 事实证明，雷军的实力完全配得上他的野心，2018年他已经在忙着小米上市的事情。7年前，小米还不存在，7年后，小米系成为了当今科技界的一个巨头，第一阵营有这一席。雷军与周鸿祎，有过争执，也有过合作，颇有些惺惺相惜，却又互不服气的感觉。既生瑜何生亮，谁是周瑜，谁是诸葛亮，并不重要了。

3Q大战了犹未了，当金山与360的冲突在2010年的最后一天骤然爆发之际，雷军开始浮出水面。

雷军和周鸿祎，两个都是湖北人，但是一个是商业天才，精于围棋，擅长谋略算计，另一个却是技术天才，人称"大炮"，一向猛打猛冲。性格迥异的两个人却有着同样的梦想：拥有百度、阿里、腾讯那样的王国。

金山内部曾流传出这样一个说法：未来中国互联网的第一阵营，说白了就是一张桌子——"TABLE"，其中T是腾讯，A是阿里，B是百度，L是雷军系——包括金山、凡客、UCWeb、多玩网等，而E则是周鸿祎系——除了360，还有迅雷以及曾经的Discuz。

中国人的桌子都是四边形的，怎么可能放得下五把交椅？腾讯、阿里、百度已经分别占据了一把，并且坐得稳稳当当，那剩下一把椅子又是留给谁的？

"360这两年发展太快了，得给360减减速。"坊间传言这话出自雷军，问题是，以周鸿祎的性格，又岂能甘心"被减速"？

当大内高手遇上红衣大炮，鹿死谁手，犹未可知。

"让金山的子弹飞一会儿"

2011年1月4日，元旦节后第一个工作日的上午十点，周鸿祎带着技术人员准时出现在西单某主管部门的大楼里。

而雷军却来晚了。当雷军与金山网络COO王欣、安全专家李铁军出现时，主管部门领导已经到场。据知情者称，"马化腾4000亿市值，不也准时吗"之类的声音响起时，气氛一度有些"没有好脸"。

雷军赶到后首先就表示对之前几天金山与360的新一轮口水战一无所

雷军

知，"我不管金山的事情很多年了，来的路上才刚刚听说"。

"不管你是不是刚知道，你们金山这么个搞法，不是揣着明白装糊涂又是什么？让你们把假新闻删掉，为什么还不删？"

"还有你们360，吃点亏就很委屈吗？你们搞免费，把同行都冲垮了，把别人的市场也都抢了，别人难道就不委屈？让你们顾全大局退一步，有那么难吗？"

考虑到3Q战火刚熄，行业里又闹出这样的纠纷，主管部门领导有些火气，并不太让人意外。

面对来自上面的指责，雷军"不再掩饰"，周鸿祎也"不再叫屈"。两位大佬甚至当着主管部门领导的面还握了握手，不过据在场知情者称，这手握得似乎并不情愿。

随后雷军马上打电话让下属员工删除，"结果金山官网声称360泄密的新闻就消失了"。更多的结果也就顺其自然地来了：360在4日下午要召开的发布会取消了，金山网络听闻360要开发布会本来也打算当天下午再开的发布会，也取消了。因为"失控的后果，谁也负不了这个责任"。知情人士对《时代周报》记者说道。

一起本来有可能演化成新一轮3Q大战的行业纠纷，就这样被迅速平息了。

面对这个软着陆的结果，360一位内部人士说："我们有些委屈，他们在背后打完人了，我们还没来得及还击。"

这到底是个什么样的"攻击"，不仅迅速惊动了主管部门，也让双方排兵布阵，严阵以待？由于这个攻击的强度和突然性，以至于周鸿祎在给员工的内部邮件中写道：这是360遭遇的珍珠港事件。

时间回溯到2010年的最后一天。下午三点，众多媒体记者接到了金山网络打来的电话："四点，金山网络有重大新闻发布。"彼时，很多人已经奔赴在度假的路上，如360公司的一些员工；有些人已经出发，呼朋聚友以迎接九个小时之后的新年钟声。

下午四点半，金山网络视频发布会正式开始。记者们在位于复星国际中心的金山网络公司这一头，金山网络CEO傅盛在视频的那一头，应该是金山珠海软件园。

据傅盛介绍，当天上午金山网络接到不少网友举报，称通过搜索引擎可以直接搜索出网民的用户名、密码、个人爱好、网站访问时间等超详细个人隐私，其范围涵盖个人网民和企业内部的重要资料，而这些隐私信息均存于360的某一台服务器上。

傅盛委婉表示，这可能是由于360内部新上架的服务器未能完全配置好而导致。

挑明了是360的"问题"之后，傅盛的言辞也变得猛烈起来：360"窃取用户隐私，上亿用户名和密码外泄"，并称，"这是个人用户隐私泄露的重大案件，应该有足够的惩罚措施"。

因为新年假期，所谓"360泄密"一事还没有充分发酵之际，1月3日，再传消息，国内知名安全论坛卡饭、CSDN等先后曝出金山公司自己的网站流出了大量用户隐私，同样包括用户名密码。原来，这一切背后的罪魁祸首竟是安全公司通用的可疑网址上传机制。

据360公司称，1月3日当天，通过百度、谷歌、搜狗、必应、搜搜等各大搜索引擎，均可以搜索到大量金山从用户电脑上传的网址记录，其中不乏用户名和密码。对这一搜索结果，360技术副总裁谭晓生当即给雷军及傅盛发去了邮件以提醒他们，并收到了金山安全专家李铁军的"Thanks"的回复。

同时，1月3日，360公司在公布了大量证据，证明金山散布的"360窃取用户隐私"纯属谣言之时，也对2010年12月31日金山网络的指控作了正式回应。360技术副总裁谭晓生表示：360采用的是和金山一样的恶意网址上传机制，金山明知道360不可能侵犯用户隐私，却还要发布虚假新闻，故意制造恐慌，是典型的揣着明白装糊涂。

"2010年12月31日下班前，金山突然召开发布会，对我们搞突然袭击。正好元旦三天放假，就先让金山的子弹飞一会儿。"谭晓生笑称："只有等到子弹真正命中的时候，大家才会发现，最后倒下的是谁。"

360在回应中还称，与360仅仅在服务器被攻击时才泄露不同，金山公然把这些来自用户访问记录的网址数据制作成网页并公开展示。通过金山官方的pc120.com网站，任何人都可以公开查询到这些网址，包括其中包含的用户名和密码。

对于这一指控，1月4日，金山网络做出官方回应称，pc120.com网站是金山推出的供用户自主举报和查询恶意网址的在线服务，它里面的信息都来源于用户主动提交和互联网上的公开网址，pc120没有任何收集用户私密信息的行为。

这就是360与金山网络双方的跨年交火，包括从去年12月31日到今年1月4日的"互动"、指责以及回应的全过程。但到此为止，双方不再公开说话，预定的发布会等动作相继取消。

1月4日下午，《时代周报》记者从360和金山网络两家公司的公关部获悉了官方解释，取消发布会以及金山官网撤下有关隐私泄露等内容，是因为"有关部门已经介入"。

周鸿祎告诉《时代周报》记者，他也只好对下属的苦笑"树欲静而风不止"，好在这场冲突，被强力压制了下去。

一场轰轰烈烈的3Q大战下来，用户的信任已经岌岌可危，国产安全软件产业已经禁不住再次折腾。"金山这种泼粪式打法，身为老大的360岂肯吃亏？互骂互殴的最终结果只能是让整个行业的公信力崩盘。"忧心忡忡的业内人士对《时代周报》记者直言不讳地说道。

雷军与周鸿祎的瑜亮情结

拥有2亿用户、经过3Q大战而更为知名的360公司，这个名字，是怎么来的？

"我是江西人，我身份证的前三位就是360。当时我负责奇虎公司的安全产品，人家让我起名时，我看到了身份证，就随口说了出来。"傅盛在一次采访中，对《时代周报》记者如此说道，但他也表示，自己不愿意多提这段历史。

这是傅盛对360这一名字来历的诠释，当《时代周报》记者向周鸿祎求证此事时，周鸿祎没有回答，只是淡淡地说了一句，不回答任何与傅盛有关的话题。据说，周鸿祎听取了360公关部的建议：学习陈天桥"冷处理"唐骏事件，不回应、不评论，不给傅盛任何"傍大款"炒作的机会。

也有360内部人士透露，2005年11月，傅盛加盟奇虎，但很快傅盛和朋友就注册了可牛公司。去年5月底，当《时代周报》记者就此事求证于傅盛时，他并未否认当年注册可牛公司一事，只是强调："当年注册的可牛，与日后的可牛公司并不是一回事。"

有接近周鸿祎的知情人士称，周鸿祎对谁都能忍，在历年来的诸多的互联网对阵中也都可以冷静应对，但唯独对傅盛不同，"那是老周心里的一根刺，是叛将恩怨，老周是个性情中人，他没法冷静"。这是周鸿祎的一大弱点，而这个弱点对熟悉互联网行业的老江湖来说，都不是秘密。

周鸿祎与雷军是老同行，不仅早就认识，而且彼此很熟悉。去年7月，受金山董事长求伯君之邀，雷军重回金山掌管毒霸与网游两块业务。由此一来，周鸿祎与雷军可以说再次正面交锋。

不过，在周鸿祎与雷军的交集里，却有一段两人"互粉互恨"的故事。

金山软件一向被认为是软件业的"黄埔军校"，周鸿祎也这么认为，金山以往有民族软件的光环，吸引了很多理想主义者，金山的程序员素质很高，但公司战略太差、积重难返。

那一边，雷军则认为，周鸿祎是超级程序员，苛求完美，极其重视细节执行力，所以周鸿祎调教出来的人往往出来后能独当一面，只是在周麾下时被周的气场压住了。暴风影音CEO冯鑫公开在微博上说："我在他（周鸿祎）手下那一年，真的是今天创业的不可或缺的前提。"

在两人这样的看法之下，不难理解，周鸿祎为何一直比较看重金山的技术人才，而雷军也通过某种管道对周鸿祎说，只要你老周带出来的人，他都要投资。闻此，周鸿祎立刻反唇相讥："难道你是我的最大粉丝？"

是否因为这一层情结，让雷军对傅盛另眼相看，不得而知。但雷军自己在去年底说"一个月之内与傅盛谈了12次"，金山集团对傅盛求贤若渴可见一斑。

早在去年7月，就有消息称，金山毒霸要与可牛软件合并。虽然从去年8月底到11月初，此合并一事被金山公司自己推迟两次，但可牛以及傅盛都与金山已经密不可分，而且在此期间，伴随着3Q大战，金山毒霸以及傅盛的活跃度也是空前高涨。

2010年11月5日，当腾讯做了"二选一"的著名的"艰难的决定"之后，金山、百度、搜狗、遨游、可牛联合召开发布会，会上由傅盛主讲，历数360的种种"劣迹"，并表示与360对抗到底。11月10日，在金山与可牛合并的发布会上，傅盛还是拿出大部分的演讲时间，以亲身经历讲述周鸿祎以及当年3721的种种"令人发指"的行为。

面对傅盛多次在公开场合长篇大论对老东家的"指责"，周鸿祎从未公开回应过。在多次采访中，也从未提过与傅盛有关的任何话题。

在可牛时，周鸿祎可以不理这位过去的旧将，毕竟可牛是家小公司，但傅盛归顺了雷军，金山却是周鸿祎的老对手。

周鸿祎，未来将不得不面对傅盛，虽然，傅盛后面的是雷军。

❝ 雷军系，一盘没有下完的棋

雷军，人称"IT劳模"，1992年加盟金山一路做到CEO。2007年，借金山在香港上市之功，要求取代求伯君做董事长，不想被求与老战友张旋龙暗中联手逼退。由此雷军一怒挂冠而去，成了天使投资人。

三年间，在投资圈，雷军作为商人的天分发挥得淋漓尽致，从多玩到UCWeb，从拉卡拉到卖鞋的乐淘和卖衣服的凡客，这些被VC界无比艳羡的成功项目，无一不是雷军投资的。

据了解，目前，"雷军系"的整体估值可能已高达几十亿美金，而雷军个人的财富，据估算也已经数倍于他当年的老板求伯君。当年金山堪称中国软件业弄潮儿的时候，马化腾、马云和李彦宏还都只是鼓捣互联网的小老板。

周鸿祎也不乏类似于雷军的志向，也是成功的天使投资人，"但周鸿祎在产品和技术上是天才，远远超过雷军，但要论智谋，论对商业的感觉，却远不是雷军的对手。这两个人的差别，就像乔布斯和索罗斯的差别"。投资界一位人士评价说。

雷军也拥有即时通信产品，玩网游的用户大都知道YY，今天甚至连腾讯的DNF和穿越火线里的人，都常用YY聊天。

雷军控制了YY，随着他回归金山，手里又有金山游戏，将来金山游戏和YY结合，可以用YY笼络更多用户。加上他手里还有UCWeb，能够跨在手机上。

实际上，雷军运作好这几项产品，最后就相当于是一个腾讯，相当于即时通信加游戏，再加无线，整合起来就是QQ最强劲的敌人。无线代表未来，即时通信代表基础。

雷军回归金山，手里又有金山游戏，不免令人遐想：如果用YY来推广金山游戏呢？一个掌握了腾讯核心用户群、并一步步走向强大的YY，如果全力推广腾讯竞争对手的游戏，会不会动摇腾讯的游戏收入？

腾讯还有一个危险的敌人，叫作UCWeb，UCWeb手机浏览器是国内智能手机上最大的客户端软件，而谁掌握了手机浏览器，谁就掌握了无线互联网的入口。正因为如此，UCWeb曾长期排在腾讯内部"敌人榜"的第一名，而UCWeb也恰是雷军投资的企业。

雷军其实并不是没有感受到来自腾讯的压力。就在这两天，雷军系中的多玩网副总裁林军还在微博上公开写道："为了从YY上拉人走，腾讯开始做卫道士。腾讯的愿景是做家让人尊敬的互联网公司，但为什么这些年尽干让业界和用户不满的事情呢？"

而雷军系在布局上最大的缺憾，就是缺了360这样一艘平台型的旗舰。单以投资而论，雷军投的明星公司数量明显多于周鸿祎，但是周鸿祎把精力都用在了360上，仅此一家就有可能超过雷军旗下几家明星公司之和，并且可以充分发挥"母鸡带小鸡"的效应。环顾雷军系旗下诸多公司，或许只有金山凭借其安全和网游两条腿的布局，有可能承担这样的角色。

与可牛合并后的金山网络非常活跃，3Q大战后，金山安全更是获得了腾讯百度两大盟友，虽然因为宣布免费而失去了收入，但是却获得了出售给百度和腾讯的战略性机会。如果继续用金山这个平台收购，或者与多玩合并，以雷军在金山和多玩两家的股份比例，一旦两家合并，雷军很有可能成为第一大股东，从而真正获得一个全面操盘金山、打造网游航母的机会。

另一方面，对于腾讯的压力，最好的办法就是让腾讯感受到来自其他敌人的威胁。

3Q大战期间，业界曾传言周鸿祎准备推出IM产品"360安全聊士"，"扣扣保镖"藏有后门"盗梦盒子"可以偷窃QQ资料，甚至有模有样地流出了产品截图，虽然周鸿祎当天就通过微博一再否认，但据称正是这一传言彻底扰乱了马化腾的心智，让他作出"二选一"的自毁长城的决断。

2010年11月6日，马化腾在其腾讯微博上写到，"雷军昨晚告诉我金山全部游戏惨遭360拦截启动，很可怕的云报复。只有遭遇过被突袭的人才明白这种愤怒！"但事后证明并无此事，马化腾自己也已将这条微博删除。

马化腾在3Q大战的关键时刻，在微博上特别提到雷军，可见雷军对马化腾影响之大。而耐人寻味的是，该消息也从未得到金山方面的正面确认。

3Q大战之后，被腾讯不断弹窗推荐、用来替换360的金山毒霸和金山卫士获得了装机量的巨大增长。直到现在，腾讯仍然在使用大量广告资源全力推广"QQ电脑管家+金山毒霸"的"黄金组合"。

而原本被腾讯视为心腹大患的多玩YY和UCWeb，在360一跃而成为腾讯的最大敌人后，所承受的压力也由此大为减轻。

"雷总正在下一盘很大的棋，布局很大，不是你我能看清的。"用一位雷军老部下的话来说："三年以内，我们有很大的机会能看到，雷总会得到一把与马云、马化腾、李彦宏同桌论道的交椅。"

（原文刊发于《时代周报》2011年1月17日第113期）

3Q大战后的狼性周鸿祎

李瀛寰

> 在很多人眼里，周鸿祎就是一名斗士，他带领的360在科技圈里一直带着这样一股狼劲。先是在杀毒行业搅得天翻地覆，然后又敢与腾讯叫板，后来引发了著名的3Q大战。但周鸿祎并不鲁莽，充满狼性的背后，又透出一股湖北人的精明。但不管如何，有他在的互联网行业更热闹也更有生机。

北京，从东四环去长安街，必须要在大望路那里拐个弯。就在这个位置上，奇虎公司的牌子在树丛的掩映下，时隐时现。

因为地处交通要道，忙于找路、盯着拐弯的驾车人，往往注意不到这里的奇虎公司。但奇虎就在那里，在一个"关键位置"处。

虽然周鸿祎身上的色彩很庞杂，但周在IT行业内，以狼性闻名，一向敢出狼招，这是人所共知的。

周鸿祎身上的标签很多，不同媒体在书写这个人的时候，都下过不同的定语，如"坏小子""红衣斗士""性情中人"等等。

细究起来，其实周鸿祎身上有两大特点，一个是"将军"，一个是商人。

养狗、听发烧音响的性情中人

下午1点多，奇虎公司24小时服务的免费餐厅，周鸿祎和一个人对面而坐，边吃边聊。看到《时代周报》记者，周鸿祎热情地招呼，"十年前，我们第一次见，在新世纪饭店"。记得这些细节的周鸿祎其实是个性情中人。

的确，第一次采访周鸿祎是在十年前。1999年，出现在行业内的周鸿祎给人更多的印象是一个技术专家，从方正集团出来，创办3721公司，以"中文网址"在业界独树一帜。

当孩子一样养几条狗，喜欢发烧音响，而且"一套听古典，一套听摇滚"的周鸿祎，是个子不高的"湖北佬"，在"技术范儿"之外，他凶猛的特质无法隐藏。"我基本上每天干到晚上11点以后"，不仅前助手如此，周本人也是这样，他也直言："我一直在为生存而努力。"

2000年，互联网低潮，但周鸿祎熬了过来，3721自建网下营销渠道成功，挣钱生意越做越大。2003年底，周把3721标价1.2亿美元卖给了雅虎，自己也成为雅虎中国总裁，从创业者变成了职业经理人。

周鸿祎本来也想顺应这一变化，当好一个职业经理人的，为了团结雅虎中国的老人们，他有一次喝高了，还摔坏了门牙，但骨子里的性情仍在。虽然周鸿祎在2004年实现了雅虎中国历史上首次盈利，他还是在两年协议期未满时离开。

"事实证明，在中国互联网市场上，美国公司统统都不行，必须是本土公司才行。"经此"美国公司经理人"的一跃，周鸿祎既经历了外企老总的修炼，也收获了真金白银。离开雅虎中国之后，周的身份变更为IDGVC（国际数据集团风险投资基金）合伙人，周也明白了："我更想发掘互联网未来的新锐力量。"

业内人士评价周："他有时表现得不像身家数亿的富豪，更像认死理的书生，新鲜而愤怒。"但就是这样的周鸿祎，不久之后就发现了一个新的领域——安全。

奇虎360公司创立于2005年9月，成立不到200天即获得了国内外顶级风险投资商红杉资本、鼎晖、IDG、Matrix、天使投资人周鸿祎联合投资的2000万美元。

其实，奇虎的创立，背后的主要力量就是周鸿祎，但他不怎么讲，也不说太多，也许他还在观望。

初期，奇虎360主要的业务方向是社区搜索。奇虎360独创了PeopleRank的搜索技术，并将此技术应用在奇虎网以及搜索服务上。

但是，2006年，各种恶意软件不断在互联网肆虐，互联网用户对此痛苦不堪，但市场上却缺乏有效的遏制恶意软件泛滥的软件工具。

2006年3月，看准了方向的周鸿祎明确身份，出任奇虎董事长。奇虎也开始转向。2006年7月，奇虎推出了专业查杀恶意软件"360安全卫士"，开始专注于安全领域，继续他所擅长的客户端以及流量变现的商业模式。

但"凶猛"如周鸿祎，他做安全，注定要与别人不一样。真正体现周鸿祎风格的，还是360安全卫士的免费策略。

2008年7月17日，奇虎360正式发布杀毒软件并宣布永远对用户免费，成为免费杀毒的开路先锋。这一举动，在国内杀毒软件市场一石激起千层浪，给整个杀毒软件行业来个大搅局。

2009年，安全的重要性，加上奇虎呈现出来的安全平台架构模式，被业内人士看好，有人认为："奇虎要么上市，但很有可能被别人收购。"周鸿祎闻听此言，只说了一句："被别人收购，我收购别人还差不多。"

如奇虎360的投资人王功权对周的评价："周鸿祎是个性情中人，是中国互联网行业里少有的战将。十来年的共同合作使我越来越理解他。他勇敢、智慧、有旺盛的创新精神和学习热情。他不畏艰难险阻常常愈挫愈勇。"

念旧的斗士

正因为有着这些经历，当周鸿祎终于率领360上市的时候，想到周鸿祎13年才磨一剑，不少人感叹："周鸿祎其实很曲折，很不容易。"

互联网资深分析人士洪波不这么认为："我不认为他很曲折，从另一个角度说，周已经是个成功人士了。他把3721能够成功兑现，并由一个本土的小型创业公司，成为国际性跨国公司的高管，是他人生很大的一个提升。尽管他不满意后来的杨致远，但杨提升了他在整个互联网产业当中的个人地位。"

周鸿祎的梦想其实很大，他希望能与当年一同开始创业的马云、马化腾、李彦宏站在同一高度，"周的胜负心，让他更愿意去盯着敌人，而不是去感谢朋友。"洪波说道。

从雅虎到360，周鸿祎沉默了三年，直到微博时代来临，直到他有了用户数的基础，有了底气，我们曾经熟悉的那个周鸿祎才又回来了。

去年5月，一场与金山的大战掀起了微博第一场战争。但此刻再回归的周鸿祎透着更多的定力，该说的说，不该说的不说。

最终的结果，就是成功运作360上市。在360的股份中，周鸿祎所占比例不大，这一点已经出乎人们的意料。而周更是个念旧的人，一些已经离开360、甚至投身到对手阵营中的人，仍有360期权。

听起来都不能让人相信，但这就是周鸿祎。

在今天360的发展中，周鸿祎关注更多的是产品。"周鸿祎在产品和技术上都有天分，更像乔布斯。"一位业内人士如此评价，而乔布斯正是周鸿祎的偶像。

将军与商人

众所周知，周鸿祎喜欢打枪。

去年3Q大战期间，工信部通报批评以及道歉的要求传达到奇虎360公司时，周鸿祎正和一些公司员工在昌平国际射击俱乐部打真枪实弹射击。

"是吗？那就老老实实道歉，不要玩花样。"对下属交代完，周鸿祎举起最喜欢玩的95式狙击步枪，继续开枪，一如既往，命中10环。

敢于创新、对老部下念旧、喜欢打枪的周鸿祎，有将军的勇猛，而他也喜欢这种感觉。

周鸿祎喜欢打枪，也喜欢看书。周鸿祎那辆宝马745的后座上，全是书。一类是电脑爱好者等大众书，以把握客户需求，一类是计算机编程等技术书。

尽管周鸿祎身上有无数标签，但周首先是一个商人。洪波评论道："他再不承认自己是商人，他仍是商人。他为什么要和别人去掐，跟阿里、腾讯掐，都是为了商业利益。只是，他没有获得与他同期的那些商人相媲美的商业成就，这是他不满的地方。与他同期的，一块创业的，商业成就更大。周的成就没有他们大，而他又是一个胜负心很强的人，这个是他心里的一个结，他要跟曾经被他鄙视的人平起平坐。"

商人、将军、乔布斯，相生相合，相辅相成，现在的周鸿祎，三位一体。

（原文刊发于《时代周报》2011年4月4日第123期）

刘强东总结电商大战

李瀛寰

> 把早于京东进入电商的当当网和亚马逊甩开距离，刘强东确实有过人之处。同有些谋略家不同，谋略家总是喜欢等别人先出牌，再压倒对方，但他从来不愿意被对方牵着鼻子走，而是喜欢主动出击。这也说明，对于行业，他有着自己的理解，他按照自己的既定目标去实行。通过多次的电商贴身战，京东对比当当网，有着气势上巨大反差。后来者居上的故事，依靠的是更多的付出。

2012年8月21日的北京，蓝天白云，清澈通透，是个难得的好天气。

这一天，在京东商城总部接受《时代周报》采访的刘强东几乎有问必答，如他自己一直强调的真实、通透。虽然知道会有摄影记者，但刘强东仍然只穿着一件简单的、甚至都有点旧了的白色T恤，很随意。

过去一周，这家位于鸟巢不远处的京东商城不折不扣成为新闻风暴中心，这场震动电商行业、被称为"史上最惨烈"的价格战，才刚开始不久，就已经被冠以"将改变电商发展格局而载入史册"。

这七天里，刘强东手指一动，写下不到140个字的微博而引发的这场大战中，整个进程"有些在意料之内，有些却出乎意料"，但刘强东此刻总结这场战争，他认为，因为苏宁没跟进，所以，价格战提早结束了。

事实上，在刘强东看来，8月16日京东发放优惠券之后，苏宁没有再跟进，"价格战是常态，也才刚刚开始，但是针对苏宁的这场战争这时其实已经结束"。

这是刘强东的逻辑，但外界并没有随着刘强东的逻辑走，于是，此后针对京东的各种质疑数不胜数，包括"清库存运动、根本没降价的大忽悠、精心预谋的约架，不是价格战而是公关战"等等。

面对外界所有的解读、评论、争议，电商大战的始作俑者刘强东此刻非常平静："对网上的各种声音，对各种不利于京东的解读，我完全不在意。我更在意消费者的用户体验，并按照京东的既定策略往前走。"

39岁的刘强东，话语间流露出的自信，可以用多个"不Care"来佐证，他只在意他在意的事，别的事，他一句概括，"我不Care"。

与三年前的青年模样相比，今天的刘强东明显苍老了很多，额前的一缕白发分外明显。从强子到东哥，一个称呼的改变，如同一个字头的诞生，刘强东

刘强东（《时代周报》记者　郭杨　摄）

以及其京东已经确立江湖地位，把早于京东进入电商行业的当当网和亚马逊卓越甩在身后，已经开始挑战巨头苏宁和国美，他已经可以一条微博引发江湖血雨腥风，引发一场波及整个行业，影响消费者行为的战争。

对于这次挑战的最大对手苏宁，刘强东却没有与张近东有过任何交集，"没见过，没通过电话。"刘强东更在意的是，商业。刘强东有着比较浓重的江苏口音，要求你必须得仔细去听，去捕捉他的每一句话。他说得更多的另一个词是"商业本质"。何谓商业本质？这场8·15大战到底结果如何？刘强东如何复盘、总结8·15电商大战？

8月21日，刘强东对《时代周报》记者和盘托出。

误打误撞的战争

无数的京东员工都是从老板刘强东的微博上才知道即将有这样一场大战。

"说蓄谋已久或者突发奇兵，都对。我们三年前就预计将有这场大战，一直有所准备，但选择8·15开战，却是事发突然。"

事发突然的导火索到底是什么？刘强东8月14日晚在微博上的说辞是："造谣京东没钱卖地给普罗斯我没怒；店庆来砸场没怒；枪文来黑京东没怒；阻挠供货商和京东合作没怒；但是动用个别地方政府关系来整我们，我怒了！我要用阳毒来打击你们的阴毒！"

但在8月21日的采访当中，提到导火索，刘强东先是语焉不详，但随后却强调苏宁的增发："外界一直质疑京东靠资本输血打价格战，苏宁难道就不是靠资本输血吗？否则你别增发47亿啊，别发80亿债券，那你再打起来看看，（苏宁）可能已经没钱了，资金链已经断了。"

事实上，虽然刘强东不愿意多提及线下所谓"阴毒"的具体原因，但他对苏宁的研究可谓非常之深，苏宁历年来的财务报表、各种数据，他信手拈来，如数家珍。于是，一直盯着苏宁的刘强东，在苏宁增发前夜，突然决定来一场价格大战，于是，整个京东大家电部加班了，新闻界彻底忙了，电商界开始变了。

但这场价格战的走向并没有按照刘强东的预期发展，或者说，刘强东本人也并没有什么明确的预期。

刘强东挑起大战的微博是这么说的："从今天起，京东所有大家电保证比国美、苏宁连锁店便宜至少10%以上，公司很快公布实现方法！"

注意，"连锁店"三个字。但随后，苏宁易购执行副总裁李斌的回应则是："苏宁易购包括家电在内的所有产品价格必然低于京东，任何网友发现苏宁易购价格高于京东，我们都会即时调价，并给予已经购买反馈者两倍差价赔付。"

刘强东挑战的是苏宁的连锁店，线下，他之后所说的派驻京东价格情报员，也是派到对方的实体店面。因为刘强东一直对苏宁的传统线下高毛利率非常质疑，"这有违商业本质"。

但李斌在微博回应中顺手把价格战转移到了网上，用苏宁易购回应。

此时，刘强东不知是否忘了自己的初衷，也跟着回应："从明天上午9点开始，京东商城所有大家电价格都比苏宁线上线下便宜！"

战火从线下开始烧到线上。互联网资深分析师洪波认为："线上的价格战，对京东并没有优势。最关键的是，刘强东本来想的是打苏宁线下的实体店高毛利，但打到线上，从这一刻开始，京东的优势就少了，人家有庞大的线下利润，用线上的一点价格战不怕玩。"

不管是旁观者清，还是当局者迷，反正"当局者"刘强东开始走入苏宁的逻辑，线上比拼。

8·15当天，京东实现了阶段性胜利，"访问PV数比6·18那天都多了80%，一上午涌入了1760万的独立的UV，远远超出我们的预计，导致我们库存不足，货很快就被抢光了。"而与此同时，苏宁则出现了两个小时的

"瘫痪"，根本访问不了。

京东的短暂胜利，伴随的是相关部门的"关注"，在刘强东看来，一方面是京东很多货卖光了，另一方面是"低调点"的有关声音，让京东只好在8·16那天发2亿元的优惠券，从而实现变相降价。

发放优惠券之后，苏宁没有跟进，"这个时候，这次的价格战其实已经结束，此后再比价已经没有意义了"。

但之后刘强东的微博中能看出，他变得低调了，8月19日之后，他没有再发过任何一条微博，与此同时，此前曾经借风搭大战车的当当网李国庆也在微博上相对沉默了。

刘强东尽管低调，但有着自己的逻辑。

而业界还是没有按照刘强东的逻辑走，大规模的网上比价开始出现。阿里巴巴旗下的一淘网大举出击，各种比价信息开始影响网上舆论走向，而这些信息招招指向京东的"虚假降价"。

面对一淘网的做法，京东商城高级副总裁吴声曾公开表示，由于一淘与天猫同属阿里巴巴集团，因此数据不具公正性，对一淘的数据不予置评。刘强东也在采访中表示，他不相信阿里巴巴旗下的一淘网具备公正性。"我根本不Care。"

事实上，在一淘网数据之外，来自易观的数据显示，价格战期间，京东商城用户流量绝对值增长最为迅猛，折扣力度最强，领先其他平台，而且价格更为稳定，8月15日之后，也没有明显涨价趋势。而苏宁等家电价格浮动较大。另据有关数据显示，京东、苏宁等家电价格均有一定幅度降价，消费者每买一件大家电平均节省80-200元不等，消费者是最大受益人。

❝ 刘强东眼中的商业本质

商战历来是借力打力，你来我往，刘强东完全没想过"线上线下的区别"吗？他虽然最初要挑战的是苏宁的线下零售店面，但苏宁李斌的回应他没有看出"问题"吗？他是被苏宁牵到了线上吗？刘强东不愿多谈，他只强调，最后的结果更重要。

与外界众口一词的"8·15电商大战"不同，京东内部员工更愿意称之为"大练兵"，上一次是6月促销月的"6·18大练兵"，而这次则是"8·15大练兵"，这就是京东人的心态。

刘强东说，他不喜欢战争，也不爱看这类的书，但京东一直在摩拳擦掌，一直在练兵。

这在刘强东看来，那是修炼内功。

"京东最在意的就是用户体验，"而且在商战中，价格战迟早要发生，不可避免。刘强东一直以"商业本质"来规范京东，"电商的本质就是简单而快乐，这是京东的根本目标，尽管在电子方面，在互联网深度挖掘方面，我们离亚马逊还有三年的距离，但京东毕竟时间短，需要时间去优化服务、细节，我们还要创新。"

在刘强东看来，这场价格战的结果就是，线下向线上的转移，"这是京东为电商发展所做的贡献"。

"这是一场传统企业向电子商务转型过程中发生的必然事件，虽然目前电商渠道仍然只占我们10%以下的销售额，但这个趋势，谁也不能忽视。"一位传统企业的供货商人士如此说道。

"苏宁和国美也在纠结线上线下的问题，他们的纠结传递到供货商这里，我们的解决方案就是，线上与线下的商品不同，这样就没有可比性了。"在这位供货商人士看来，传统渠道仍有巨大优势，他们更倾向于与国美和苏宁合作，"向电商的转变仍需要时间"。

刘强东挑起的8·15电商大战，胜负输赢仍未可知，但转变已经在悄然变化中。

虽然面临诸多指责，但刘强东心态很坦然，他相信自己以及京东所做的事，有些价值。

❝ 对话刘强东：如何看这场大战？

时代周报：*在你看来，这场大战是如你预期在发展吗？*

刘强东：有些在意料之内，有些出乎意料。意料之内的是，引起了争议，因为京东的一贯行事风格是不擅长做商业规则之外的事，而很多中国企业是喜欢用商业规则之外的事来做事。

第二是，有很多质疑，中国社会充满了阴谋论，现在甚至都有京东是美国资本联合打压民族零售的论调都搬出来了。再加上，其实政府部门也在干涉，我们也只能是沉默，本来是很正常的商业竞争，这种商业竞争在美国、日本都曾经出现过，每几年都会出现这种惨烈的价格竞争的事。

时代周报：*这场大战中，超乎你预料的是什么？*

刘强东：没想到的有两点：一是没想到会有这么大影响，远远超出我们的设想，来这么多真正的消费者。原来我们以为微博的影响力没有那么大，看到这个消息，准备买大家电的人也很少。我们原来以为访问量最多也就涨到20%左右，现在库存都不够了。

二是，苏宁没有我们想象的那么激烈地跟价，一是苏宁服务器出问题，两个小时不能访问，我们的价格降了之后，也看不到他们的价格，他们自己也改不了。等下午能访问之后，我们发现他们的降价幅度没有我们想象的多，原来以为大家电降价都是300元地降，但苏宁是10元地降，他们10元地降，我们也只能10元地降，导致双方的降价幅度也比我们预期的小。

原来我们以为苏宁宁死也要把我们弄死，因为他们之前自己放的话，孙为民说，宁愿自己掉层皮，也要把京东拖死。原来我们以为那天，他们宁肯自己亏点钱，也要把我们给打下去，结果根本不是我们想象的，从他们的降价幅度就能看出来。

昨天张近东内部会议讲话，也承认，8·15那天苏宁并没有去跟价，而是按照自己的规则去走，这也导致价格战没有我们想象的那么激烈，平均的降价幅度只有20%多一点，原来我们预计能降到50%。

时代周报：这场大战结束了吗？你如何评判？甚至也有消费者在网上比价，认为京东的价格高，你如何回应？

刘强东：我们是循环降价，不可能一步降到位。这是商业的博弈。我们就是跟着对方的幅度走，我们永远比他们低。那天我们肯定降得比他们低。

拿出一款产品说价的事，是对手的宣传策略，我们京东不愿意用这种策略，真正聪明的是消费者，而且这是透明的价格战，我们打的是比价战，不是折扣战。我们就让消费者跟苏宁去比，谁低你买谁的，而且我们指名道姓是苏宁。

时代周报：这场大战谁赢谁输？

刘强东：我不关心这个，只要消费者向线上转移了，更多开始电子商务了，这就可以了。至于消费者转移到线上之后，是去了京东、苏宁还是国美，我不在意，我不Care。我在意的是，线下向线上消费行为的转移。

但是，还有一点，我发起这场大战，不是为了这个，但达到这个结果，是令人欣慰的。

▌价格战会加速向电商转化

时代周报：你认为这场大战有何价值？

刘强东：但这次价格战已经让消费者知道了，线下与线上差很多，一比价，确实差很多。我不能保证我比国美和苏宁线上便宜，但我可以保证我真的比国美和苏宁店里便宜百分之十几。

这次价格战会加速向电商的转化，按常规来看，大家电的消费者如果转到线上来，可能要5-10年时间的潜移默化，但这个时间对京东、国美和苏宁都不是好事。现在消费者转化了，对苏宁也不是坏事，可以让它迅速解决庞大的包袱，甩掉。这个包袱再背十年，它自己就要耗死了。它应该大量削减它的线下店，每个城市保留一个就可以了。把线下的巨额成本甩掉。

让所有的玩家都回归到商业的本质，追求低成本高效率。而国美和苏宁在过去的十年，已经背离了商业本质，他们线下的成本逐年上升，查他们的财务报表，2001年苏宁的毛利率9.8%，净利率2%。现在，他们的毛利率涨到19%，而净利率还只有2.3%，这已经严重背离了商业本质。中国的连锁店，年年毛利率上升，成本也上升，这个巨额的成本，谁来买单？都是消费者买单。

如何看苏宁和国美？

时代周报：你一直强调商业本质，在你看来，何谓电商的商业本质？

刘强东：商业的本质比拼呢，不是比你有什么，他有什么，比的是成本、效率以及用户体验。谈商业竞争，离开这三者，讲别的都是带有迷惑性的，都不能代表商业本质。谁的用户体验好，用户就会选择谁。

时代周报：你认为苏宁和国美目前是怎样的竞争现状？与京东电商的竞争，谁更有优势？

刘强东：线上和线下都有的时候，其实线下是个累赘，而我们没有这个，国美已经亏了。

未来国美和苏宁有三种可能，这两家公开的财务报表显示，线下的毛利率19%，而苏宁易购、国美自己也说，他们线上毛利率只有6%左右，跟京东差不多，我们家电的毛利率也有6%左右，这三家线上差不多，便宜也不可能便宜太多，贵也不会贵太多，真正热门产品其实价格都差不多，他们如果做线上线下同价的话，只有两种可能，线下降价降到跟线上一样，他的增额费用就是16%，降到6%，净亏10%，1000亿销售额的话，一年净亏100亿，他们亏得起吗？

第二种可能就是把线上提价，线上涨10%，跟线下一样。第三种可能就是瞎话，线上线下不可能同价。所以，这就是一个悖论，不可能成立的，如果他线上涨10%，他线上就没有用户了，而他线下降10%，就亏死了。

时代周报：你如何看苏宁的增发融资？

刘强东：外界一直质疑京东靠资本输血打价格战，苏宁难道就不是靠资本输血吗？否则你别增发47亿啊，别发80亿债，你打起来看看。可能已经没钱了，资金链已经断了。事实上，增发、发债，都是靠资本输血。

时代周报：有人说你们的价格大战，其实是争夺供货商，你如何看？京东目前与供货商的合作情况如何？

刘强东：京东之所以挑战价格战，与供货商有关。现在的双寡头规模，供应商是没有丝毫话语权的，但如果三足鼎立，供货商就有足够的回应能力。就算一家不合作，另外两家也足够把市场覆盖到。这样三家谁也不敢苛刻对应供货商。供货商也不是傻子，家电厂商早就看到这一点了。

事实上，背后的供货商其实都是有个商业平衡点的，正因为苏宁和国美把供货商绑架了，所以就算京东很小，供货商也转而支持京东。他们希望京东能做大一点，能有实力与国美、苏宁抗衡。这样才能让供货商不至于被绑架，让他们有足够的话语权。

这场战争也让苏宁和国美、京东都专注于成本，商业的竞争应该是不断地降低成本，而不是不断地绑架供货商，绑架消费者，不断提升自己的毛利。

❝ 京东的下一步

时代周报：这场大战的一个结果是，苏宁和国美加速向线上转移，当他们到了线上后，京东还有何优势？

刘强东：我们在用户体验方面不断地推陈出新，不断创新，不断引领行业往前发展，我们推出"211限时达"的时候，没有一家推出，所有竞争对手都认为是不可持续的，只能短暂做，做几年你的成本支撑不了，而现在211成了标准，新进入者如果211做不到，就不要跟京东竞争了，当当网不必说，连亚马逊在美国也尝试做211。

其次，我们还有大量细节的创新的服务，但我们并不是善于宣传和包装的公司，我们不愿意把一个小的创新包装，放大，变成样板或者标杆，这不是京东商城擅长的。

❝ 你是一个怎样的企业家？

时代周报：你对目前网上的各种争议，是否有过困惑？

刘强东：我认为新的一代企业家不应该再像过去一样装着，做企业成功了，然后开始做导师，说出各种带有哲理的话，在公众面前保持光辉的形象。但我认为，真正的企业是真实的，装的人没有资格成为企业家。所以，我就保持我真实的形象。一个真实的人，一定有好的一面，坏的一面。如果一个人都是光辉的形象，没有缺点瑕疵的话，这个人一定是个骗子。

我没说我是完美的人，我一定有很多缺点，缺点被人批评，被人拿去娱乐，被人搞怪，无所谓嘛。我就是一个很真实的人。至于所有误解，争议，我从来没有CARE过。

时代周报： 你认可哪个企业家？

刘强东： 乔布斯就很好，乔布斯一身缺点，只是因为他企业做得非常成功，大家原谅了他的缺点。乔布斯的哭，如果在中国，一定会骂得一塌糊涂。你哭哭看？乔布斯更多的就是真实。包括鲍尔默，都很真实。

❝ 面对谣言

时代周报： 有人称你的投资方之一老虎基金正在撤离，是这样吗？

刘强东： 这些投资公司都是大基金，他们一般都是跟5-7年的，不会只跟1-2年就退出。关于老虎基金要退出一事，谣言太多了。我只能说，这就是谣言，我都不愿意回应。

关于京东的谣言有几百条，早就不攻自破了。2007年就说京东商城资金链要断裂，要倒闭，连说五年，年年说，但我们不是还好好活着吗？回应谣言只会浪费工作时间。

至于京东是否要上市，老虎基金是否退出，资金链是否断裂，这些消费者不会关心的，那我也不会关心。

时代周报： 你认为京东这几年的价值何在？

刘强东： 每个人都梦想改变世界，但能改变的程度不同，有的人改变得大，有人改变得小，在消费者趋势的转化过程中，你不能说我一点功劳没有，不能抹杀京东，说京东一点价值没有。这就是改变。

选择商业就是战斗，通过市场化的手段、合法的手段，不断地战斗。不管活了，还是死了，都是为商业进化做出了贡献。

时代周报： 你是个怎样的人?

刘强东： 我很坦然地去做自己想做的事情，我一直坚持认为，只要我不做违法的事，不做损害消费者利益的事，我做什么事都非常坦然。不管有多少质疑、争议，有多少口水过来，我都不在乎，无所谓。现在我的微博是引起很大反响，但我以后也不会有什么所谓的谨慎，真正要谨慎的是，洁身自爱。在这个基础上，坦然展示自己真实的一面。

比如西红柿门事件，其实是有人在背后恶意推这个事情。发西红柿照片的时候，我没想那么多，就是觉得挺好看的，想和别人分享一下。而且这是正常恋爱，所有京东员工都知道，也不是秘密。

生命只是过程，我希望在我每天过程中，做些有价值的事情。我的好奇心不重，我更关注自己的企业。

京东并不是很强烈地关注竞争对手的一家公司，我们不管哪个部门都是按照自己的战略、策略在走，很少因为竞争对手而改变什么，我们就是按照我们自己的步调在走。

（原文刊发于《时代周报》2012年8月24日第195期）

王小川的抉择

李瀛寰

> 搜狗花落谁家的年度大戏终于落幕了：腾讯向搜狗注资4.48亿美元。与阿里注资高德、新浪、UC等一系列合作项目相比，腾讯与搜狗这起注资合作，注定是中国互联网史上一次里程碑事件，是互联网巨头在搜索领域的集结号，寡头竞争从此将更为激烈。

联姻意在何为

2013年9月16日下午，腾讯在港交所发布公告，宣布与搜狐及其他独立第三方签订认购协议，向搜狗注资4.48亿美元，并将搜搜和QQ输入法业务与搜狗现有业务进行合并。交易完成后，腾讯获得搜狗完全摊薄后36.5%的股份，且腾讯持股比例会在近期内增加至40%左右。

在腾讯投资后，搜狐及其关联方仍是搜狗控股股东，而搜狗将继续作为搜狐子公司独立运营。

在新成立的搜狗公司中，搜狐公司CEO张朝阳继续担任董事长，腾讯总裁刘炽平和首席运营官任宇昕出任董事。搜狗CEO王小川继续担任董事和首席执行官。

当这次交易案最终水落石出之际，腾讯董事局主席马化腾、搜狐董事局主席张朝阳以及搜狗CEO王小川一起出席媒体见面会。

会上，据张朝阳透露，搜狐和腾讯年初开始谈，当初存在分歧：腾讯希望控股，搜狗希望独立发展，直到最近才消除障碍，双方迅速达成合作。

马化腾坦承，腾讯与搜狐谈判过程中思路发生改变，最终不再追求控股，认可了战略投资方式。"搜索引擎市场特别讲究规模效益，流量规模和变现能力息息相关。与其搜狗、搜搜恶性竞争不如联合起来把流量共同做大。"马化腾如此强调。

张朝阳指出，搜狗的梦想肯定比上市要大，包括未来给人们带来生活的便利也充满想象。搜狗以产品和技术见长，现在要大力宣传，不能酒香巷子深。

搜狗的独立运作，事实上是完成了王小川的心愿。在心愿实现的激励下，王小川放言：依托搜狗技术创新与腾讯大平台合作，将迅速建立PC搜索三分天下的格局。

搜狗命运尘埃落定之际，很多人都被震惊了，因为与此前流传甚广的"360收购搜狗"一事几乎来了个大逆转。

不过，如同王小川所说的"依托腾讯大平台"一般，据《时代周报》记者获悉，搜狗依托腾讯大平台一事早已有之。

据悉，早在2010年、2011年前后，"搜狗输入法在腾讯平台上一路绿灯，最关键的是浏览器，腾讯整个公司给搜狗浏览器推了一年的时间，腾讯网每天的弹出新闻以及聊天记录，都是基于搜狗浏览器，整整把搜狗给做起来了"。

搜狗浏览器的一些数据更能佐证这一看法，2009年推出的搜狗浏览器，在2011年增长72%，成为增长最快的本土浏览器，市场份额排名第三。在中国拥有1.1亿用户。

事实上，腾讯扶持搜狗的举动与3Q大战有关。一位在多家互联网企业从业多年的人士认为，是3Q大战打醒了腾讯以及马化腾。

3Q大战之后，马化腾开始了开放战略，尤其是腾讯相对弱项的领域，马化腾更多是采取扶持、合作的态度。

不仅扶持了搜狗浏览器，还注资了金山网络，从浏览器以及安全等层面钳制360的发展。某种意义上，这是腾讯早就布好的棋子，所以，当此刻得知搜狗最终花落腾讯，知情人并不会吃惊。

钳制对手，在商言商，并不为过。但商业上的成熟事实也是科技产业更为理性的根本。早在2009年，彼时3Q大战还没有发生，腾讯的发展非常迅猛。

当提及腾讯的短板时，互联网资深分析师洪波认为："做到腾讯这个规模，已经成为平台，不同的人可以在这个平台上得到不同的价值，当下，腾讯的未来战略并不清晰，腾讯应该做一些影响产业层面的布局。"

一年多之后，3Q大战让腾讯有了脱胎换骨的变化，腾讯对搜狗的布局就从那时而起，对抗的是360安全浏览器。

就在腾讯宣布注资搜狗的当天，腾讯市值突破了1000亿美元，腾讯成为中国互联网公司中首家市值突破千亿美元的企业。

有人笑称，在腾讯的军功章上，应该有360董事长周鸿祎至少三分之一的功劳。

❛ 搅局移动端

从当初扶持搜狗，到达成今天腾讯注资的结局，其实过程极为复杂。这既是腾讯与搜狐博弈，也是360"抬价"的结果。

从去年360搜索一问世，一个星期就攻下10%的市场份额之际起，搜狗的命运就已经注定了。

曾是搜索市场老二的搜狗被360一下子冲到老三，上市前景已经无望。再加上在张朝阳的"媒体化"总体战略下，搜狐的核心业务是媒体以及视频。搜狗出售，还能弥补发展搜狐视频所需的资金。

因而，去年底以及今年初，两次传出腾讯搜搜与搜狗合作并非空穴来风。腾讯的确在与搜狗洽谈，不过当时双方因为在搜狗独立发展问题上存在分歧而导致计划搁浅。

据张朝阳透露，搜狐希望保留搜狗团队赖以成功的创造性和创业精神，保证搜狗拥有更好的技术、产品以及能动性，而腾讯则希望能收购搜狗完成控股。

今年3月，360抛出了橄榄枝，向搜狐提出搜狗并购方案。据来自业内的知情人士表示，当时360拟出价不超过14亿美金，以少量现金加大约1/3股权的形式全盘收购搜狗。今年7月中旬，来自360内部的消息表明，360与搜狗几近达成交易，曾经有几天，"某些部分已经暂停交易，就在这几天"，内部人士透露，其实双方已草拟好了收购协议的细节，只等签字。

但360与搜狗的收购大戏最终没有在7月底上演。

360也是真心想要搜狗，除了增加360搜索以及浏览器的市场份额外，搜狗3个多亿的输入法用户，更是周鸿祎渴求的。从360传出的消息表明，周鸿祎今年的核心就是做大用户量，收购搜狗补齐自己的输入法短板，增加用户，这是周鸿祎的如意算盘。

以周鸿祎的做法，360收购之后，搜狗必然会成为360的业务之一，不会任其独立发展。这是王小川最不愿意看到的结局。但是，能让王小川两次以自己的坚持从360虎口下"逃生"的根本原因还在于他对搜狗的热爱。

据王小川身边的人讲，有一次王小川在内部说道："搜狗就是我的老婆。"创始人都对自己创立的企业有很深的感情，这并不奇怪，甚至一般人都用"孩子"来形容。但王小川不同，他升级了，他不仅有对"孩子"一样的深情，更有对老婆一般的激情。所以，王小川能经常在办公室待到很晚，周末也经常来加班。

在媒体见面会上，王小川的手和腿都在抖，其激动之情可以想见。某种意义上，王小川的坚持和努力得到了马化腾和张朝阳的认同。

从采访中也可以感觉到，马化腾对王小川赞赏有加。马化腾表示，在过去搜索这么困难，尤其有安全软件靠其资源来带动情况下，搜狗还能做到现在的成绩非常难。

张朝阳在采访中也隐约提到，与360的合作方式是"把搜狗基本上揉碎了来滋养360的茁壮成长"。

此外，张朝阳认为，搜狗简单的工程师文化和360的公司文化并不匹配。

从王小川对搜狗独立运作的坚持来看，不仅有他自己的感情在其中，更有对中国互联网企业的理想。

腾讯投资搜狗不久之后，搜狐的Form 8-K文件暴露，4.48亿美元中，3.01亿美元用于给搜狗原来的A类股东分红，1.47亿美元用于从搜狐、Photon、云峰基金手里回购股票。可以说，4.48亿美元都会流到股东手里，搜狗没得一分钱。

如果早就"投降"，卖给360，王小川以及搜狗团队都可以变现走人。

很多互联网企业做起来的目标不就是这个吗？

但王小川还有着自己的理想主义，做好自己认定的产品，建立PC搜索三分天下的格局。

❝ PC搜索三分天下有点难

虽然腾讯早有搜搜，但这一业务非常弱，弱到"腾讯其实并没有发力"。不是腾讯没有实力，而是直面百度已经占据绝对垄断的市场中，腾讯对此一直谨慎，甚至觉得没有太大必要。

但在移动互联网时代，新的格局之下一切仍在变化。移动搜索仍是未来看好的领域，况且阿里巴巴通过注资UC优视正准备加入未来搜索的战局。腾讯虽然已经有微信，但对未来的布局仍是越广泛越好。注资搜狗，无疑是既有利现在，又有利于未来的一步妙棋。现在，在PC端可以钳制360；未来在移动端，可以押注搜狗的移动布局。

事实上，搜狗和腾讯业务整合更大想象空间就是在移动端。最新数据显示，搜搜在无线领域的市场份额占到了14%，遥遥领先360，和搜狗合并之后，新搜狗在移动端已经稳稳占据市场第二份额。

此外，截至7月，搜狗手机输入法月活跃用户数突破1.5亿；搜狗手机地图推出的路况导航的总用户数已突破5000万。

此次交易最为失落的当数360，几近签约却功败垂成。不过，360董事长周鸿祎则表态，腾讯加入搜索战对搜索市场是好事，目前搜索仍处于垄断格局。未来搜索市场上的竞争会加剧，但网民会最终受益，那些损害网民利益的搜索推广行为，会在竞争中被淘汰。

谈到未来的搜索市场格局变化，互联网分析人士洪波也表示，对腾讯来说这属于防御性战略。腾讯发展需要安定的外部环境，无论是投资金山网络还是搜狗，都是这一目的，这又比单纯靠自己发展好很多。总体而言，会使360搜索扩张受到制约，某种程度上百度也是此次事件间接受益者。

据悉，搜狗今年第二季度营收达5000万美元，较去年同期大幅增长64%，环比一季度的3900万美元增长27%。与搜搜整合后，搜狗营收无疑将进一步明显增加。

但据国内知名数据统计机构CNZZ最新的数据显示，360搜索的平均市场占有率超过19.5%，在9月14日达到了历史最高点19.86%，这一数字相对于360搜索8月份18.23%市场占有率有了大幅度提高。

百度在被周鸿祎打醒了"狼性"之后，现在在搜索业务上锐意进取，而360历来是不安分的颠覆者。曾经位列搜索第二的搜狗被360迅速超越，也说明其在市场上仍需发力，比如渠道。

行业人士支国平认为，他并不看好腾讯注资搜狗。"搜狗弱，搜搜更弱，两弱抱团取暖而已。"

PC搜索三分天下有点难，但腾讯与搜狗的结合可以着眼于移动端。事实上，这才是更长远的未来。

在商言商，搜狗被卖掉其实是很简单的一件事。但在马化腾、张朝阳以及王小川的努力下，搜狗独立运作，虽然未来的新搜狗仍面临诸多挑战，但在移动互联时代，搜狗的独立存在会导致有更多的竞争者参与角逐，也将有更多的创业力量谋划整个互联网的未来。

互联网行业日益变成寡头竞争，但这会是一个开放的竞争，而不是一家独大、你死我活的竞争。

（原文刊发于《时代周报》2013年9月20日第251期）

俞永福："马云太了解人性"

李瀛寰 邬昆达

> 阿里巴巴收购UC优视，UC将助马云进一步布局移动互联网的电商帝国。

2014年6月16日晚9点，窗外五道口的车水马龙正喧嚣不已，年轻的员工们已经陆续下班，整个办公区域越来越安静。俞永福突然想起那支收藏已久的雪茄，他找了出来，点燃并深吸了一口。

雪茄的烟雾弥漫开来，香气进入口腔直抵胸腔，再带着胸中的"沉郁"喷涌而出，一起涌出的还有大战之后的满足、胜利的欢喜和长久以来盘桓在心头的压力卸掉之后的轻松。

震动整个中国互联网行业的、价值达40亿美元的整合——UC优视进入阿里，已经过去五天，外界的喧嚣开始平息。6月11日，UC优视公告称，阿里全面收购UC，组建UC移动事业群，UC董事长兼CEO俞永福担任事业群总裁，并进入阿里集团最高决策机构——战略决策委员会。

在外界看来，UC优视整体并入阿里似乎来得突然，但对这个整合事件的核心人物——俞永福而言，这是一场打了两年的战役。

成立十年之际，UC优视进入阿里，这是UC的转折点。阿里即将上市，BAT继续炮火隆隆，某种意义上，这事件也将是中国互联网行业的一个新拐点。

❝ 马云4月份抛出橄榄枝

6月17日上午，当《时代周报》记者来到位于五道口优盛大厦的俞永福办公室时，他昨晚抽过的雪茄烟蒂还在桌子上。

采访就此开始，当俞永福一个人在办公室里抽雪茄时，他在想些什么？复盘整个事件？俞永福只是笑笑，却说了一句："马云太了解人性了。"

有着投资背景的俞永福，与那些个性鲜明、大开大合的创业大佬不同，俞永福总是很谨慎，个人情绪偶尔外露，但不多。晨兴创投合伙人刘芹称他是"投资人里最称职的CEO，CEO里最擅长投资的人"，也许正是这两者兼具的特质，让俞永福更喜欢讲战略、讲布局，很少讲自己。

回顾UC优视与阿里的合作，已经长达五年。2009年6月UC首次获阿里巴巴集团的战略投资，2013年3月，阿里花费5.06亿美元增持UC，8月，马云出任UC

俞永福

董事，UC也完成了董事会重组，投资人占两席（含马云），UC管理层占三席，俞永福称此次合作实现了公司进一步的独立发展。同年12月，阿里进一步增持UC，支付现金1.8亿美元。直到此刻，UC整体进入阿里，双方一直有过多次商谈。

但这一次阿里决定让UC整体并入，源起于今年4月马云的一个电话。

"马云在电话里强调两点，一是国际化的远景，海外战略一直是UC的重点，但如果能与阿里的航母舰队组合起来，想想就很激动。二是马云对移动搜索非常重视。"俞永福称，当时UC与阿里合作的神马团队已经建立，神马搜索已经箭在弦上。

4月28日，神马搜索高调发布，并开始一系列冲击市场的举动，与百度关于移动搜索的争执由此开始。虽然俞永福认为，从时间点上看，马云的橄榄枝不可避免地推动了UC在移动搜索上的发力。

5月底，马云来到UC刚刚搬的新家——优盛大厦，为神马团队打气。不久之后的6月11日，UC优视俞永福和阿里巴巴马云同时发表致员工信，宣布UC将整体并入阿里巴巴。

这次整合大部分以阿里巴巴集团股票，配合部分现金的方式进行，且6月16日，阿里巴巴更新了招股书，首度披露了并购UC的详细情况，根据相关文件推算，UC的估值达到43.5亿美元。

这次整合大部分以阿里巴巴集团股票，配合部分现金的方式进行，且根据相关文件推算，UC的估值达到43.5亿美元。

由此来看，UC进入阿里巴巴一事，事实上已经成为中国互联网行业最大的并购案，UC的估值远远超过之前中国互联网最大并购交易"百度对91无线的19亿美元估值"，创造了新的纪录。

之所以称"马云了解人性"，俞永福认为，这次整合事件中有两个细节说明了这一点。其一，马云提出，整合以股票为主、现金为辅，UC团队和员工总共有1230万股限制性股票，这占阿里股票总数的0.5%，"马云给UC的是未来"。其二，关于UC团队的分工安排，也是马云提出的，保留了UC品牌，俞永福称，这对UC团队以及员工是情感上的激励，更是精神上的认可。

另有一个值得注意的细节是，俞永福进入了由8人组成的阿里最高核心的权力机构——战略决策委员会。

阿里收购、投资过诸多企业，就科技行业的几次注资、收购来看，无论是新浪微博还是高德地图，阿里都没有给过这样的"待遇"：给出股票、负责人进入阿里战略决策委员会。

进入阿里之后，UC事实上已经放弃了独立上市的可能性，但因为阿里即将上市，也可以看做是UC的变相上市。

这正是UC的胜利。

UC整体进入阿里的消息传出后，一位UC的高管称，"一上午手机就没停过，无数的祝贺，甚至已经好几年不联系的人都冒了出来"。而事实上，这几天以来，整个UC公司一直笼罩在喜悦的气氛当中。

❜ 穿过BAT炮火

一年前的春节过后，行业里突然传出"百度即将收购UC"一事，那时这一传言已经是第二次大规模发酵了。当时俞永福接受《时代周报》记者独家采访时，坚决表示"UC是非卖品"。及至去年8月，阿里战略投资UC之后，俞永福也曾高调表示过"以后只有UC收购别人的份儿"。

所以，这一次当UC整体进入阿里之时，虽然俞永福多次更正记者的"阿里并购UC"的说法，但从本质来看，阿里就是收购了UC。当然，与别的收购不同，马云给了UC非常大的自主空间，保持了UC团队的完整，甚至保留了UC的名称——在阿里内部组建UC移动事业群。

试想如果2013年，UC选择的是百度，UC产品可能还在，但UC团队就不好说了。

俞永福的逻辑一直很清楚，甚至也很固执，因为就算目前已经是"被并购"，但对外，阿里与UC的说法高度一致：UC全面融入阿里集团。看得出来，马云对UC的确很重视，给了UC非常高的尊重。

从股票置换的独特方式、俞永福进入阿里战略决策委员会，到"整体进入"的说法，这一切的背后是UC的价值，更是俞永福长袖善舞的运作结果。换言之，投资高手俞永福成功地把UC带到了这样一个"中国互联网最大并购案主角"的地位，也得到了足够的未来"期权"。

甚至，这是一盘下了两年的棋。

出身于联想投资的俞永福擅长理财、擅长战略运作，精明的人永远是审时度势、边走边看、顺应大势。在UC的"独立自主"还是"被并购"的背后，俞永福的这一投资战略理念一直贯穿始终。

众所周知，UC的核心产品——手机浏览器是从功能机时代走过来的，UC浏览器是那时的上网第一必备神器，"最早的UC是功能机时代的产品，到了智能机时代，UC就没用了。但事实上，有数据表明，UC浏览器在安卓时代，早已超过70%的渗透率"。俞永福在几次采访中，一直都在强调这一点，但不可否认的是，在智能手机来临之后，APP对浏览器的冲击显而易见。

这也许是2010年底UC决策走向海外的另一个原因，毕竟中国的手机走得太快，而在印度、中东甚至非洲，仍是功能机为主的天下，诺基亚的功能手机仍在这些地区大卖也可以佐证这一点。

智能手机时代，尽管UC左冲右突，但其在功能手机时代积攒下来的辉煌不可避免地在衰减。但不可否认的是，UC在手机上的用户、产品，仍是移动互联时代一个重要的变量，毕竟用户基础在，这就是俞永福一直强调的"棋子"的关键力量。

但这颗重要棋子应该如何获得更大价值？2012年6月，百度在张家界召开的百度联盟峰会上，作为百度的坚定的合作伙伴之一，俞永福在台上与百度高管谈笑风生地互动着，而台下，一个关于"百度收购UC"的传闻同步流传出来。

从那时起，就有巨头开始向UC提出收购。2013年初，当百度收购UC的传言甚嚣尘上之时，俞永福承认，所有的巨头都找过UC。俞永福一边坚定地表示要独立自主，是"非卖品"；一边向外传递"UC作为棋子"的关键力量，左右棋局的核心价值。

这是一个微妙的时刻。

可以这样总结UC的做法：一边发力新产品、海外布局，一边对抗价值衰减，从而让UC获得最好发展。对俞永福而言，他一面要带领团队继续独立自主试图冲击上市，一面在巨头抛出的收购条件面前"左称右量"：百度的20亿"要约"不够好，关键是UC不能在百度内部相对独立。于是拒绝了，于是继续发力，继续做大自己的产品。

"UC的团队、员工，希望变现，但现在就卖了，和布局完整之后卖个大价钱，这是根本区别。"来自UC内部的人如此说。

从高调表示"独立自主"到"其实被阿里收购"，谈及"食言"一事，俞永福只说了一句："我对得起UC的2500名员工了。"

对得起员工，这个任何一个人都能理解，但UC不进入阿里，是不是也有更好的发展？比如独立上市？对此，俞永福认为，中国互联网行业的产业发展到了这一时刻，超巨头的力量正在显现，虽然不是每个互联网公司都在站队，但UC离BAT的炮火太近。

从手机浏览器与腾讯QQ浏览器的竞争到移动搜索与百度的竞争，UC显然一直在BAT的火力范围之内，"这是UC能成为重要棋子的原因，但也因为火力太猛，单打独斗难免伤及自身"。

马云花了40亿美元之后

UC发布的官方数据显示，目前，UC全球用户超过5亿，旗下拥有UC浏览器、神马搜索、UC九游、PP助手等多个行业领先的移动互联网产品及平台，其中，UC浏览器安卓平台用户已突破3亿，在苹果和安卓两大智能平台月度覆盖人数占行业总体的65.9%，排名市场第一。

另有数据显示，神马搜索已经在其流量渠道中成为继百度之后的第二大流量贡献的搜索引擎。神马在国内移动搜索引擎市场的渗透率已经超过了20%，月度活跃用户数也达到了1亿。

事实上，俞永福曾在多个场合均表示过UC对移动搜索的青睐，而"神马搜索"的快速成长也为他增添了更多的信心。但要想与市值达500亿美元的百度相抗衡，单靠UC自身仍然难以实现。因此投入阿里的怀抱，不失为一个好的选择。

当下，互联网步入一个非常时期，各家互联网史上最疯狂的投资并购表现最为明显，而互联网公司"站队"也是大趋所势。

搜索，电商，社交，BAT在各自优势地位主导的战场上进行延伸连接，为补足短板发力。此次阿里并购UC，至此，BAT三家在搜索领域的布局基本完成。

此前，百度收购91，腾讯投资搜狗，BAT这三期战略相似、名气相当的投资，存在着很微妙的关系。当初阿里是搜狗的投资人，百度想收购UC，后来搜狗回购阿里股份，UC拒绝百度收购，而现在搜狗转投腾讯，UC融入阿里，百度则于去年19亿美元买下91。

目前来看，百度在移动搜索上有着基因优势，腾讯靠微信来发力搜狗，阿里依托UC，阿里UC整合步调正在放快。

据了解，UC入局后，阿里方面经常来UC这边谈事，而俞永福的身份也发生了改变。

根据双方披露的合作内容，并购结束后，阿里将组建阿里UC移动事业群。这也是阿里集团在阿里电商事业群、云计算大数据事业群之后组建的新业务群，权重一样，非常高。

另外，俞永福的权限将大幅提升，除了统管现有的UC集团业务团队外，还将整合阿里集团其他相关团队，包括浏览器业务、搜索业务、LBS业务、九游移动游戏平台业务、PP移动分发业务、爱书旗移动阅读等业务。

谈到未来，当前俞永福更多描绘的是海外远景。目前，UC浏览器的海外用户已经达到1亿人，在至少十个国家的份额已达10%。尤其在印度，稳居市场第一。

马云正试图在移动互联网上重建一个"电商帝国"，对移动流量的渴求，促使阿里巴巴收购了高德，先后参股新浪微博、优酷土豆、美团、陌陌。

此次并购UC，也是基于同样考量。所以阿里在招股书中表示，全面收购UC，让阿里巴巴在全球范围内获得了2.64亿活跃用户。

确实，UC能为阿里巴巴的移动战略提供非常好的补充，在人员架构方面，也能为阿里贡献一个非电商的、有移动互联网经验、有战斗力的团队。

而对UC来说，阿里巴巴能为它的品牌知名度、影响力带来极大提升，让UC第三方合作伙伴获益。

一位PE人士分析认为，从投资方式以及整体作价来看，UC实际已经放弃了独立上市的机会。但UC已经通过阿里实现曲线上市，并且获得了比上市更好的价值。不过，接下来UC将如何去走？包括如何同阿里方面更好的整合，以谋求更大的市场空间。

俞永福是个理智的人，在夜晚独自享受过雪茄、复盘两年来的谋划之路，深感对得起所有UC员工之后，他想的应该还有一点：未来与阿里的合作，其实也并不轻松。

> ## 对话俞永福：抢滩移动互联网的尾声来临

时代周报：你对当前整个互联网的趋势有怎样的判断？

俞永福：中国互联网经历了20年风云，目前正是三大趋势叠加之际：一是，PC互联网与移动互联网的叠加。从BAT三大巨头一系列的收购来看，目前已经到了抢滩移动互联网的尾声，下一步则是变现以及规模化。可以说，未来三年，左右大势的关键词则是"规模化""变现"。

二是，从互联网行业的观察来看，目前正在从IT向DT（Data Technology）转型，谁有数据资产的能力，谁才能胜出。

三是，当前，钱大于项目，对于移动互联网的投资仍然很多，UC在宣布进入阿里之前，门口一直排着长队。

时代周报：在做战略选择时，历来有分歧，这次决定整体并入阿里，UC内部一致同意吗？

俞永福：先讲一个曲线拓展海外的故事，2010年底，UC决定向海外市场进军，但那时中国互联网企业还没有走向海外成功的样本，海外市场拓展必然投资很大，我知道，这事如果在董事会上决议，一定是一半赞成一半反对，决策很难推进。

而事实上，海外市场拓展到底如何，我虽然看好，但我也没法打保票。这时，我决定"不花太多投资地试水"，这一决策很快通过了。但所谓"不花太多钱"，其实就是把一部分投资算在了中国区之内，这样显得海外市场花钱并不多，只是试水而已。

但事实的结果与我的判断相符，UC的手机浏览器进入国际市场非常顺利，在印度和中东市场非常大。2011年下半年，国际化的成果显现出来之后，UC才正式宣布其海外战略，数字之下，我也向董事会"坦白"了曲线海外市场的过程。

今天来看，UC的海外市场已经成了马云看重UC的一个重要原因，在未来的阿里国际化进程中，UC的海外市场将发挥重要作用。前两天UC创始人何小鹏从广州来北京，他很高兴地与所有员工打招呼。UC管理层在这一事件中，决策一致。

时代周报：中国互联网已经到了寡头时代了吗？此前有很多人已经说到"不站队BAT就无法生存"，从UC进入阿里的过程来看，是这样吗？

俞永福：互联网格局，强者恒强，这是必然，阿里和腾讯已经成为超巨头，去年底开始的双马打车大战，仔细看下来，你会发现，其实双马是双赢，市值超高，阿里上市的估值也很高，这就是互联网行业的特点。

但是不是所有互联网公司都要站队呢？不见得，如果是远离BAT炮火的公司，可以相对独立和平静，但UC不同，UC的产品注定了必须得面对BAT的炮火，这既是我们的价值，但也是UC面临的险境，炮火太猛容易伤及自身。

对我而言，我要对UC优视2000多员工负责，回顾走过来的路程，在阿里集团，UC获得了尽可能的最大价值，我感觉对得起UC员工了。

时代周报：国际化、移动搜索是马云看重的领域，但移动搜索这一块，神马推出之后，已经有很多竞争态势，未来UC进入阿里之后，还将发力移动搜索，这一块必然有更多的挑战，对此，UC有何战略？

俞永福：未来搜索领域的战火会愈加凶猛，但移动互联网的迅速发展给了很多移动搜索弯道超车的机会。搜索的整个产品形态，都面临着"语音即搜索、位置即搜索、交互即搜索"的全新定义，用户需要的是"点对点""即搜即用"，而不是传统搜索带来的海量结果。使用场景的碎片化，必然要求搜索结果的智能化，与此同时，客户端的简单导流能力、影响用户心智的公关能力将弱化，技术创新力和伙伴资源整合力将凸显，这就是新变量，这也是神马的机会。

时代周报：就你个人而言，目前已经进入阿里战略决策委员会，这对你会有变化吗？

俞永福：我过去是向五个人的UC董事会汇报，现在是向8个人的阿里巴巴战略决策委员会汇报，其他的，没有差别。当然，下一步如何与阿里的战略更多地整合还在探讨当中。

（原文刊发于《时代周报》2014年6月20日第290期）

把搜狐变革进行到底

李瀛寰

> 　　2015年开年，搜狐董事局主席张朝阳直言门户已死，并强调要将实现"门户重生"。

将门户变革进行到底

对于搜狐如何重振雄风，张朝阳接受了《时代周报》记者的采访。

时代周报：今天搜狐的Html5论坛很技术化，但你一直听到最后，看来你最近对技术很重视？

张朝阳：今天是一个关于H5、关于手搜网、关于Html5趋势的放大和研讨，这对整个互联网的未来都很重要。

时代周报：在前不久的一次内部讲话中，你提到了"门户已死"，并强调要"重整门户"。我记得前几年你就有再造搜狐的想法，从这次你的内部讲话上看，你的决心很大。你想达到一个怎样的目标？

张朝阳：其实2010年、2011年时，我那时候雄心壮志准备再造搜狐，后来因为雪山事件，我一下子歇菜了，歇菜了好几年，所以当时没有把这个想法完成。现在又重新出来了，所以要继续把这个革命进行到底。

时代周报：等于现在这个变革是当年愿望的延续？

张朝阳：是的。虽然愿望是延续的，但是，经过这几年的变化，我本人对很多问题也有比较多的思考。这次，我们还是要从产品创新方面，从为用户服务以及移动互联网的方向去思考，跟以前的改革风格不太一样。

我说"门户已死"，实际上如果把门户定义为传统的PC门户的话，现在的流量也很大，但是人们对资讯消费已经向手机转移。如果说门户新生，搜狐现在已经在移动互联网提供方面已经走得很快，所以对于新定义的新互联网时代的门户前景还很大。

时代周报：你说门户已死，现在包括大量的内容的改革，包括技术层面的改革。那么，在你看来，门户是在变化当中，未来是一个什么样子的？未来我们获取门户的方式是怎样的，是现在的手搜网加APP的结合吗？

张朝阳

张朝阳：比如我们在手搜网首页各个板块以及手搜网各个频道，板块消费的特点基本是头部消费，由编辑推荐的，头部每次只能看由编辑推荐的，编辑给你排版好的。

现在内容的消费表现由移动端向多端进发，我把对新闻的消费方式归为三种：一种是板块消费，延伸了在PC时代看到一个板块或者一个地块，所看即所得点进去看，在手机上同样如此；另一种是个性化推荐的阅读，这是长尾消费，在新闻客户端下拉以后有推荐，这个推荐包含了很多信息，包括机器的信息；第三种是基于社交的链式传播，我们希望在前两种大流量的基础上能够产生社交媒体，所以这个产品我们也在开发。

时代周报：搜狐原来有一个定位看新闻、上搜索，在移动互联网时代或者说未来，搜狐整个的定位发生了哪些变化？

张朝阳：我们把新闻变成了资讯，上新闻知天下，有媒体的报道，同时也有资讯，这个资讯就是像各种知识，比如说我们推出的健康频道、教育频道，如何高考，小孩怎样教育，包括健康频道，各种疾病的治疗方式，这种不是新闻，但是资讯。

时代周报：你再造搜狐的目标是什么？

张朝阳：再造搜狐这件事更多是涉及企业的成功，对于公众用户的服务功能，我们希望提供天下人知识和资讯，包括搜狗也是给大家提供资讯，搜狗我们认为更多的是像一个博士一样，包括搜狗，提供知识。

时代周报：搜狐这次变革有怎样的时间表？两年之内你想达成什么样的再造结果？

张朝阳：我们希望能够完成，实现给全天下人提供资讯和娱乐的能力，娱乐的视频。我们给全天下人提供资讯和娱乐的功能，这样一个职能是由搜狐集团来提供的。

打造第三个模式

时代周报：目前你谈得相对多一点的是产品变革，组织变革方面有哪些计划？资本运作方面呢？

张朝阳：这次变革，从软件产品、技术产品、营销、商业模式，以及合作伙伴，所以各方面必须全方位地来做。在资本运作方面，我们收购56说明我们对视频APP的重视，来发展视频走出去的道路。对于其他的并购，可能现在底价压得比较低，并购不太好做；如果底价涨上去了，在重组方面会更加激进一些。

时代周报：搜狐的门户变革，在提供资讯服务方面已经设计得非常清晰了，下一步会不会再往后面走，往服务类走？

张朝阳：我们在这方面比较谨慎，我们知道我们有所为、有所不为，我们知道我们做什么，我们不擅长做什么。所以我们像一个大漏斗一样，我们要感知天下所有的人。用户到我们这儿消费之后，可能会有更具体的消费，属于O2O，或者通过搜狐的广告把他们带向了O2O的APP。

我们的优势是什么？是大数据的优势，我们可以精准地知道用户是谁，哪些用户有哪些需求，我们把这个大漏斗倒向哪些需求，哪些O2O的厂商。

时代周报：今天手机搜狐网3.0发布，但搜狐的新闻客户端也有过亿的用户量，对于手机搜狐网和新闻客户端APP，搜狐会有不同的侧重点吗？

张朝阳：对我们来说都是特别重要的，可能我们的竞争对手，搜狐既有新闻客户端，也有搜狐网，因为这两种是对于内容获取的方式，各有优缺点。其实刚才整个论坛都在谈这两个模式的竞争，所以说我们现在各有优缺点，不是谁压倒谁，都是网友的需求，所以我们两个必须都得做。要考虑对于搜狐的内容的使用。

时代周报： 你谈到未来搜狐成为人们获取信息平台，也会成为打通产业上下游的核心信息节点，这些布局将会有一个突破点吗？

张朝阳： 我对搜狐打造的第三个模式（注：指基于社交的链式传播）很有期待，那个才是真正的互联网的本质，就是爆炸性的，它是一个指数级的，N次方层级的，如果不做到那个，其实我们没有做成真正的互联网公司。

时代周报： 链式传播的产品会在何时推出？

张朝阳： 今年年中初步成形，年末有一定的规模。

（原文刊发于《时代周报》2015年1月20日第319期）

雷军：创业是九死一生的事情

王　媛

> 小米经过高速增长，遇到发展瓶颈，如何扎实打好基础寻求新的突破，成为小米当前最亟待解决的问题。

"我真的不是在玩自拍！" 2016年3月7日，北京两会代表团驻地新世界酒店人气鼎沸，小米科技董事长雷军略显委屈地解释道。

事情发生在两天前，在央视两会会议新闻直播中，小米科技董事长、人大代表雷军因疑似拿着小米5自拍，成功抢镜，被网友冠以"自拍帝"的称号。

"我只是想拍一张总理作报告的照片纪念一下，天地良心，马化腾可以作证！早在两会之前，就有人调侃我，别一不小心又成了新的表情包，果不其然。"出席两会媒体采访的雷军，急于澄清自拍自证清白，引得全场失笑。

但会场轻松的氛围并没有维持很久，媒体对于小米发展现状的担忧很快成为了向雷军提问的主题。今天看来，过去呈超高速发展的小米，已然遇到了增长的瓶颈，首先是销售增长不及预期，其次是小米也遭遇了国产手机品牌共同面临的问题：缺乏研发、创新乏力、专利捉襟见肘。

2010年从金山出走的雷军，将其创办的小米称为"二次创业"，目标是将小米发展成为一个伟大的公司。整整一个5年计划过去，雷军难免被问及

"小米发展是否符合预期"这一命题。

"过去5年，毫无疑问，小米创造了奇迹，销售收入在10亿美元及100亿美元级别上都是全球增速最快的企业，获得了资本的认同；未来5年，小米真正要做的事情不在于创造奇迹，而是推动新国货运动，促进供给侧改革。"在采访中，雷军多次强调，未来一两年内，最重要的事情是补短板，扎扎实实打基础。

好在善于讲段子的雷军，在外界眼中，已看不到太多"务虚"的情怀，更多的是一个愈发坦然、懂得反思的产品经理，这些都代表了小米的日臻成熟。

❝ 否认小米缺乏创新

雷军的坦承是显而易见的。短短一个小时的采访中，诸如"补课""打基础"之类的字眼，至少被提了5次。

2010年离开金山创办小米时，雷军刚过40岁，"四十不惑"。雷军自己坦言，小米是他的二次创业，也是最后一次创业，是积累了20年的商业

雷军

经验之后，"毕其功于一役"的一次全新考验。

2013年，主打互联网低价手机的小米出货量达到1650万台，迅速在这个行业占领一席之地。步入2014年，小米出货量爆表，该年第二季度，小米手机出货量首次超越三星，坐上国内第一的宝座。

2015年，来自IDC的数据显示，小米全年国内出货量为6490万台，市场份额为15%，对手华为以6290万台的销售量及14.5%的市场占有率紧追其后。尽管仍旧稳首国内市场第一的位置，但小米去年的7000万台的销量增速趋于平缓，距离此前"保八千万冲一亿"的目标有所差距，同时，华为、TCL等国产品牌海外市场大放亮彩，小米则在国际征战中略微失色。这不得不引起雷军对小米未来发展战略的思考。

两个星期前，雷军刚刚发布了历代产品中研发周期最长的小米5，雷军解释称，小米5在研发上克服了诸多困难，并在前置指纹识别、相机光学防抖和陶瓷材质方面下足了功夫。

雷军还在发布会上提及，小米5将进驻苏宁旗下门店，未来还要将小米之家由服务店升级为线下零售店，并在全国范围内拓展至200家。此举被外界视为小米将加强线下渠道的标志。

据雷军透露，小米5首发前已经有1300万元的预售，各地小米之家排队的火爆程度，远超想象。然而，雷军却避谈2016年的销售目标，称"将去KPI，按需生产，放下包袱，小米要做的事情，就是改善用户体验，提高流通渠道"。

面对国产品牌缺乏创新与研发的质疑，雷军坚称，过去5—10年，不少国产企业的商业模式和技术获得欧美和资本市场的认可，例如小米模式就是将智能手机当作互联网业务来做，也受到不少欧美企业的追捧和模仿。

在雷军看来，小米是个极其重视创新、产品、研发的企业，上上下下都是具有研发背景的技术团队。"与多数友商不同，我仍旧会亲自参与各种核心研发。"

"小米的经营理念是用互联网的思维和技术来武装，讲求效率优化，只要几个百分点，就能让产品从工厂流通到用户手中。"

谈及专利的问题，雷军表态称："专利是手机行业的游戏规则，我觉得小米非常愿意尊重知识产权，尊重专利，在这一点上，小米也下了巨大的工夫投入。"

仅去年一年，小米在国内申请注册发明的专利3183项，在国内排在第六名，PCT（专利合作协定）的专利是546项，在国内排在第五名，申请的国际专利是2193项。除了重视自主研发创新之外，小米也有专门的团队在购买全球的专利包。雷军坦言："小米所面临的专利战是非常复杂的事情，小米会按照国际的游戏规则来做。"

创业不易

回顾起创业之初，雷军谈道，小米从初创就是个定位"global（全球性）"的公司，最初的8个人合伙人都是技术出身，在互联网行业皆有超过20年的经验，其中5人是海归，一开始就怀着全球化的梦想。

"两年前，一下子就进入了七八个领域，现在则希望调整策略。"雷军反思道。2014年，和多数国内厂商一样，小米将更大的目光放在了海外市场上，希望复制国内的成功。不料，征战海外的小米出师不利，陷入了与爱立信的专利纠纷，给了小米当头一棒。

雷军向《时代周报》记者表示，目前小米进军美国市场没有时间表。未来一两年，需稳扎稳打夯实基础，补齐短板，主要精力会集中在中国及印度市场，其他市场则将摸索前进，不会大规模进入。"国际化需要有耐心，无法一蹴而就。"

谈及创业的心得，雷军感慨道，创业不容易，就是九死一生的事，

"改善创业环境，只要提高一个百分点，就相当于救活了10%的企业"。

自诩二次创业的雷军，在经历了小米第一个五年计划之后，对小米作何评价，小米的"十三五"规划又是怎样的。

"过去5年，毫无疑问，小米创造了奇迹，销售收入在10亿美元及100亿美元级别上都是全球增速最快的企业，获得了资本的认同。未来5年，真正的事情不在于创造奇迹，而是推动新国货运动，促进供给侧改革。"

中国人在全球"买买买"，去年贡献了高达一万两千亿的境外消费，这让雷军颇为不解，甚至有点无法释怀。"中国是制造大国，为什么供给与需求不配套，国货仍是低廉的形象，如何改变这一现状？"

在雷军看来，日韩早期也没有品牌力，但以Sony为首的品牌扭转了这一局面。早在创业之初雷军就曾将同仁堂、海底捞、沃尔玛和Costco视为标杆。现在，小米也期望像七八十年代的索尼，90年代、21世纪的三星一样，带动国家的工业发展。"工匠精神和小米倡导的精品策略是一致的，精品的背后其实就是精益求精的工匠精神，我们希望用真材实料做感动人心的事情。"

上市顺势而为

"我的二次创业是冲着做伟大的公司，而不是为了钱。基于成为大的公司，上市是一个阶段，只能顺势而为。上市之后有业绩要求，目前还是将根基打扎实。不会为了上市而上市，没有明确的时间表。"雷军表示对IPO计划并不动心。

此前，外界曾传言小米估值受到影响，导致新一轮融资受挫。雷军表示："继上一轮2014年底融资之后，小米就没有再做过新一轮融资，因为小米账面有超过100亿元人民币现金，一直以来没有特别强的资金压力，所以我觉得小米拥有的现金量足以把现在的事情做好。"

对于新技术的探索，雷军表示，对"VR"产业高度关注。去年底，小米宣布成立VR探索实验室，但雷军坦言，目前该领域技术尚未成熟，大规模应用要三到五年。

NFC刷卡支付成为雷军另一个看好的业务领域。

"小米5支持了全功能的NFC，很快就会开通刷卡支付，当然也可以用来直接模拟公交卡，给公交卡充值或者模拟成门卡，整个小米5 NFC的功能比iPhone多得多。此外，关于手机支付，我相信这是一个市场的主流，越来越多的人青睐用手机支付，有了NFC支付这种功能，以后手机支付将会变得更容易，而且更高效。"

（原文刊发于《时代周报》2016年3月8日第378期）

"囚徒"滴滴

陆一夫

> 美团、高德等相继入局网约车，犹如囚徒困境，滴滴不得不重新打起精神迎战新的对手。新的一轮网约车战役在补贴战中打响，又会以哪种形势收场？

"尔要战，那便战。"在2017年年底，滴滴CEO程维就通过媒体向美团下战书表态，他不害怕与任何一个竞争对手打资本战。

然而，这一局面似乎变得复杂起来，原本已被滴滴一统江湖的网约车市场上，出现了一批重量级的新玩家。

除了美团，高德、易到、嘀嗒以及携程等新老兵相继加入到这场网约车"世界大战"中，滴滴如困兽般面临着类似2016年夏天与Uber中国激战的局面。

在正式登陆上海仅三天后，美团打车就宣布获得申城三成的市场份额，此后日订单量一直维持在30万单以上。为了巩固局势，滴滴不得不跟进美团的补贴策略，再次陷入到"囚徒博弈"中。

打江山难，守住江山更难。在司机和乘客都不可控的情况下，滴滴的C2C模式缺陷再次被放大，程维近年来为滴滴构筑起的规模和技术壁垒似乎在新玩家的银弹攻势下显得不堪一击。

美团闪电战

尽管已经在南京与美团对峙了整整一年，但滴滴始终低估了美团的后发优势。

3月21日，美团打车上海站开通，上线当天就宣布在上海日完成订单量超15万单，第二天日订单量达25万单，第三天超30万单。随后几天内，美团打车上海日完成订单量均保持在30万单以上。

凭借较有力度的补贴，美团在上海迅速收割滴滴的市场份额。美团打车披露数据称，其在上海上线7天内，平台累计服务乘客近220万人次；在所有已完成订单当中，40%与吃喝玩乐等休闲娱乐场景相关，与美团点评的餐饮、到店综合及酒旅等业务形成协同。

在中国发展高层论坛2018年会上，王兴首次谈及美团打车的思路，他认为美团是在一个综合平台上将各种服务进行无缝对接，而综合品类是美团打车最大的优势。

上海站开通后，美团打车在短时间内还接连拿下杭州、成都的网约车服务牌照，新一轮开城计划已箭在弦上。《时代周报》记者了解到，美团点评已经与成都部分汽车租赁公司签订合作协议，并开始前期司机的招聘工作。

美团的进场搅动了网约车这一池水，不过也引来政府部门的强力监管。4月5日，上海市交通委执法总队发布消息称，由于近期美团、滴滴等网约车平台竞争乱象已严重扰乱出租汽车市场营运秩序，上海市交通执法部门从即日起全力加强对非法网约车的查处力度。

同时，上海市交通委执法总队对"美团打车"平台开出了首张"责令改正通知书"，并正在研究对已获得许可的网约车平台吊销其经营许可证的程序。据一位不愿具名业内人士向《时代周报》记者透露，前期部分美团打车的司机来自被滴滴清退的运力，一些服务分过低难以在滴滴接单的司机成为美团开城的先锋队伍，这也导致上海市交委在整治行动中发现非法运营等情况。

❝ 第二梯队进场

美团是反滴滴联盟中势头最猛的角色，但更多的玩家正陆续进场。

3月27日，高德地图宣布推出顺风车业务，成都、武汉两地率先上线，同时开启北京、上海、广州、深圳、杭州等城市的车主招募，之后将逐步扩展到全国更多城市。与其他顺风车平台抽取用户10%佣金不同的是，高德公益顺风车平台没有任何商业化目的，将坚持对用户不抽佣，对行业不打补贴战。

"从去年开始，我们通过大数据发现了顺风车出行的需求，现在顺风车的相关能力建设到我们认为过关了，所以选择在这个时间点发布。"高德地图相关负责人向《时代周报》记者表示，高德的顺风车业务不打补贴战，也不希望刺激运力额外增加。

事实上，高德在近年陆续与各大网约车平台、共享单车平台达成合作协议，在地图产品中接入多种形态的出行服务，不过其上线自营出行业务还是第一次。在高德方面看来，这两者并不冲突，尤其是在用车高峰期可以起到互相补充的作用。

而去年受乐视危机拖累的易到，在新股东韬蕴资本入场后卷土重来，近期正式宣布推出"免佣金+阶梯返利"计划，在全国47个地市里面向47万车主，实行免佣金政策，并对车主施行阶梯返利。易到运营负责人王俊表示，对于首批报名车主，易到当月予以免考核，同时最高返利金额为月订单收入的15%。

此外，OTA巨头携程也宣布旗下专车业务获得网约车运营资质，将主打旅游交通市场。携程方面向《时代周报》记者表示，此前携程专车平台上既有OTA机构，也有自营产品，拿到牌照之后，自营部分会逐渐展开。

"在一些城市，没有OTA专车，我们会主要开展自营业务。携程自营专车与OTA是竞价方式，由用户选择使用哪一个产品。"上述携程相关负责人表示，截至2017年，携程提供服务的车辆和专业驾驶员达十余万名，在北京、上海、广州、深圳、成都等全国上百个城市开展业务。从年客单量看，携程专车的年订单量从2014年的约200万单增长值2016年的1000余万单。

场景入口之争

复盘反滴滴联盟的进军路线，其思路除了大打补贴战外，更多是从细分场景入手，分别切割滴滴在各条业务线上的市场份额。艾媒咨询CEO张毅向《时代周报》记者分析称，这些新老玩家大多通过自身优势资源介入出行业务，因此不同场景下带来的流量属性将起到关键作用。

以携程为例，旅行场景里涉足的出行需求非常多，包括接送机与旅游目的地的往返，这都是携程出行的潜在市场。上述携程相关负责人向《时代周报》记者表示，2014年携程就成立了专车服务，用车事业部早期是平台式运营，依托携程的机票、酒店优势，接入各种专车服务商，服务于旅游者的出行，然后到今天才开始发展自营业务。

"携程专车服务主要解决用户旅游出行场景中的点对点地面交通需求，服务场景涵盖了接送机、接送站、接送景点、旅游包车、城市内用车等。"对方表示，携程专车实际上主打抵离交通枢纽、酒店和旅游资源的高品质出行方式。

而高德的顺风车业务同样是以场景出发，结合其地图大数据进行车主和用户的匹配，这一模式应用在上下班与跨城出行非常吻合。"这些海量的用户出行需求，尤其是早晚高峰的通勤路线，往往具有较高的重合度。这都是高德顺风车得天独厚的用户优势。"高德集团总裁刘振飞表示。

由于没有佣金不抽成，高德上线顺风车业务相当于亏钱做生意。高德地图相关负责人也向《时代周报》记者承认，现阶段高德的顺风车业务的确是在倒贴司机和乘客，"高德公益顺风车不以营利为目的，零佣金是我们的既定策略。平台服务费（包括但不限于信息服务费、车主验证费用、虚拟号码、保险、转账手续费），在产品上线初期也会补贴给车主和用户，保证乘客花多少钱，车主就收到多少钱"。

携程方面也向《时代周报》记者表示，目前尚无进军出租车的计划，提高服务水平是首要的任务。"对于新业务携程会向司机、用户提供一定补贴，但我们不认为这是价格战的范畴，主观上我们不赞成一味地打低价。"据了解，目前携程接送机的平台抽佣仅8%，与美团打车持平。

滴滴反围剿

面对以美团为首的围剿，滴滴祭出的第一反击是跟进补贴。

美团打车登陆上海后，滴滴开始向上海地区老用户发布促销券，用户基本上可以享受"全城单单立减14元"的优惠，而补贴带来的直接效果是形成对美团的反压制。根据滴滴内部发出的一封名为"快捷上海战报"的邮件显示，滴滴在上海日完成订单已超过160万，而美团的市场份额目前被压制在15%以内。

滴滴区域运营高级总监孙枢在邮件中表示，如果美团保持30元一单的补贴，即使做到滴滴去年总单量（74.3亿单）的20%，一年就要烧掉70亿美元。他认为，"以滴滴今天的规模效应和技术壁垒优势，补贴退去后的友商势必难以为继，出现颓势"。

除了跟进补贴,滴滴也正式上线外卖业务,直线打击美团的大本营。4月1日,滴滴外卖在无锡上线,三天后滴滴公布成绩单称已经占据无锡1/3的市场份额。滴滴外卖负责人罗文表示,由于外卖业务在无锡试运营的效果超出预期,近期将考虑进入更多的城市。

但这一说法遭到美团方面的否认。美团外卖北方大区总监安中杰表示,滴滴外卖在无锡的市场份额仅占3%。

据《时代周报》记者从滴滴方面了解到,罗文目前全职负责滴滴外卖的业务研发,此前他是滴滴第一任产品经理,曾主导滴滴全面改版、微信支付、专车启动等战役。

滴滴备足了粮草,迎接这新一轮的围剿。现金储备多达百亿美元的滴滴在今年再次完成来自韩国未来资产2.648亿美元的融资,以及国内100亿元ABS额度。手握先发优势的滴滴,还会成为下一个饿了么吗?

值得注意的是,出行领域的战争是一场持久战,一时的补贴固然可以换来市场份额的跃升,但却对这个市场没有任何益处。艾媒咨询CEO张毅向《时代周报》记者表示,他并不认为美团能依靠补贴能打败滴滴。"网约车是一个巨大的市场,必然存在着诸多玩家,但已经确立优势的滴滴不会轻易让出头名,美团的资金可以将补贴战维系多久?"

（原文刊发于《时代周报》2018年4月10日第487期）

无人机王者飞入深水区

陆一夫

> 作为全球领先的无人机霸主，大疆在融资上并不担心，但在发展布局上却遇到了前所未有的挑战。

　　暌违三年再度融资，大疆却以另一种姿态重归大众视野。2018年4月20日后，机构投资者陆续收到了大疆新一轮融资的入围通知，标志着持续将近一个月的10亿美元融资落下帷幕。然而这一轮融资却引起极大的争议——大疆采取了"B+D"的融资方案，即投资者必须先认购一定比例无收益D类普通股，才能获得B类普通股的投资资格，这一做法令不少投资者反感。

　　对于融资和上市传闻，大疆方面向《时代周报》记者表示不予置评。

　　事实上，在融资与上市的背后，是大疆近年来发展的挑战。那些曾经需要绕开大疆求生的无人机厂商，在近年里找到自己相应的细分领域，并由此成为一方霸主。当大疆试图进入这些细分领域时，却发现并不能简单复制过去在航拍无人机上取得的成功，理由是大疆在航拍无人机上累积的核心竞争力，在企业级市场上并不是决定性因素。

　　"除非航拍无人机在产品生产标准化程度大大提高的同时实现技术成本的大幅降低，否则很难看到有竞争意义的同类企业出现在航拍领域。"无人机行业分析师杨浩告诉《时代周报》记者，在其他无人机的应用领域（如警用、农业等），则可能出现产品、技术、份额超过大疆的企业。

独角兽受热捧

按照大疆要求，机构投资者要先通过认购一定比例的无收益D类普通股，才能获得B类普通股的投资资格，D类股本质上是一种"无息债"，而且锁定期长达三年。更关键的是，大疆的竞价模式更看重投资者认购D类股票的比例，认购D类股票的比例越高，获得参与资格的几率越大。

这种新颖的融资方式也引发了创投圈的震动。在不少投资者看来，大疆跳出了过去由专业FA（财务顾问）撮合大型基金的做法，选择"价高者得"的竞价排名模式吸引中小投资者。另一方面，大疆也没有主动披露财务数据，投资者无法按照公允的估值方法为大疆定价。

但这样的游戏规则并没有吓退投资者。大疆方面宣布，融资计划发布后一共收到近百家投资机构的保证金与竞价认购申请，各家认购金额总和已超出原计划的30倍。4月15日，大疆创新向部分认购比例较高的投资人发送邮件，显示最高的5亿美元的平均D/B认购比例已经高达1.61，即认购1万美元的B股，同时要认购1.61万美元的D股。

"实质上就是大疆希望在融资的同时，又不至于让原股东和控制人稀释过多的对公司的控制权。"香颂资本执行董事沈萌向《时代周报》记者表示，大疆可能目前没有明确的上市退出机制计划，为了提高对投资者的吸引力就采用了这样的融资方式，"换而言之，大疆更倾向于寻找长期的战略投资者，而非短期的财务投资者"。

从股权结构来看，目前以汪韬为首的大疆管理层仍掌握着大量的股权。融资文件显示，大疆创新公司管理层持股比例高达74%，包括红杉、凯鹏华盈、Accel Partners等机构投资者持股12%，香港科技大学及其他个人投资者占股14%。

在外界看来，大疆在融资上表现强势的主要原因是投资者对"独角兽"的追捧。按照融资文件显示，大疆此次融资的投前估值高达150亿美元，在国内独角兽估值榜单中位列前十，再加上大疆是中国为数不多能垄断全球无人机市场的高科技企业，这种光环让大疆在资本市场上备受欢迎。

杀入企业级市场

事实上，大疆并不差钱，从融资记录来看，此次10亿美元融资将成为大疆历史上数额最大的一笔融资。根据公开信息，大疆成立至今一共进行过4轮融资，融资总额不超过2亿美元，投资方包括红杉资本中国、中恒星光、远瞻资本等。最近一笔Accel Partners的投资发生在2015年，融资金额只有7500万美元。

三军未动，粮草先行，这笔融资被视作是大疆拓展新业务的储备弹药。据媒体报道，此次融资的主要目标是拓展的三大新方向，包括医疗影像、教育和新兴产业，其中新兴产业含人工智能、先进制造和机器人等。

在融资文件中，大疆透露在两大现有板块中，无人机板块（包括消费和行业级）在2017—2021年期间将实现累计市场规模880亿美元以上，而影像板块年市场规模将达到150亿美元以上。

因此若要达成这一目标，大疆必须在企业级市场发力。虽然大疆在全球航拍无人机的市场份额高达70%，但近年受多起"黑飞"事件和监管政策收紧的影响，航拍无人机的热潮正在降温，大疆在这条赛道上将逐渐摸到天花板。

相应地，企业级市场存在巨大的增长空间，尤其是植保无人机已经成为仅次航拍无人机的新高地。根据第三方机构艾瑞咨询预测，2025年国内无人机市场总规模将达到750亿元，其中行业应用农林植保约为200亿元，安防市场约为150亿元，电力巡检约为50亿元，而用于航拍娱乐的消费级市场为300亿元。

"虽然这几年已经显得非常火爆，但实际在农村的普及率还不到2%。"极飞科技联合创始人龚槚钦表示，极飞去年总共服务了1500多万亩农田，而中国有20亿亩以上的耕地，按照每亩地每年最少要喷洒3-4次农药，市场当量是80亿亩次，光是打药的服务费用就能创造800亿的市场。

在龚槚钦看来，植保无人机只是打开智慧农业市场的一把钥匙，农村地理信息、农业数据服务和农机共享等更大规模的行业变革，"这里的盈利空间比植保要几个数量级"。

从营收结构来看，大疆在企业级市场的影响力明显小于航拍无人机。据财新网报道，去年大疆整体营业收入为175.7亿元，同比增长79.6%；净利润43亿元，同比增长123.2%；其中，消费级无人机业务占据大疆营收总额的85%。

❝ 发动价格战

从2015年年底发布首款农业植保机MG-1开始，标志着大疆正式全面进入企业级市场。当时大疆创新公关总监王帆向《时代周报》记者表示，2016年将是大疆正式进入2B市场的元年，"无人机的技术优势是我们的核心，大疆将依托这一优势进入各行各业"。

在过去三年时间里，大疆保持"一年一迭代"的节奏推出新品，试图打进这一片沃土。根据农业部披露的数据显示，去年全国已保有1.1万台植保无人机，其中大疆MG系列保有7500台。而极飞方向则向《时代周报》记者表示，目前公司总共有7562架植保、测绘无人机在中国运营。

但现实是在植保无人机领域，曾经被大疆逼入死角的极飞科技已经占据了主动优势，并反过来将大疆的攻势打破——尽管大疆的销售农业无人机数量超过极飞，但去年极飞销售额达到3亿元，是这一细分领域的公认强手。

对于植保无人机的市场分析，大疆和极飞有着非常两极的判断。按照大疆的说法，国内植保无人机的市场总容量有可能在未来两三年就达到饱和，因此大疆认为未来厂商通过销售硬件难以产生利润。

但极飞则认为，中国农业的机械化程度仍然很低，广阔的农耕面积需要大量的植保飞机作业。龚槚钦告诉《时代周报》记者，目前全国农业无人机的实际普及率不足5%，还有很大的发展空间。根据极飞的计算，中国至少有12亿亩耕地适合完全由无人机完成植保，前提是要有RTK和高清地图等基础设施的支持。

龚槚钦透露，2016年极飞实现营收约4700万元，而2017年则超过3个亿，接近8倍的增速。他表示，目前正值全国小麦统防统治阶段，极飞植保无人机每天的作业量平均达到15万亩以上，相当于2014年的全年作业量，"以此估算，极飞今年的营收规模还会有至少3倍以上的增幅"。

为了击败极飞，大疆首先祭出的是价格战。去年10月底极飞推出三款P系列新品后，大疆也随后发布了MG-1S Advanced和MG-1P系列（MG-1P、MG-1P RTK）植保无人机。除了赠送的保险和关怀计划外，MG-1S Advanced国内地区售价比上一代售价降低近1.2万元，降价接近四成。

与此同时，大疆总裁罗镇华也放言，大疆在农业产业中不应考虑利润，而要让利于农，让实施服务的植保队和农户得到收益。"大疆发展农业无人机，是不是一定要在两三年内盈利？是不是一定要通过销售硬件盈利？这个模式没有人证明过。"他表示，农业在大疆体量里占比很小，但大疆业绩持续增长，可以负担在该领域一定的投入和亏损。

2C转向2B的艰难跳跃

"客观来说，大疆发起的'价格战'是一种良币驱逐劣币的行为，对行业和社会都有利。"龚槚钦表示，大疆把植保无人机价格拉低，对其他中小规模的无人机厂家而言是重大打击，"这会加速淘汰那些没有技术积累、没有商业运作能力、依靠政策红利和国家补贴而生存的无人机厂家"。

"但大疆与极飞的竞争，不在一个维度。"龚槚钦认为，虽然都在植保无人机领域里探索，但是极飞和大疆各自推动行业发展的商业模式和技术路线是完全不同的。

这里的不同主要是指两者在农业无人机的打法上。在转型之初，极飞就决定不卖无人机，只卖服务，向农户提供一套完整的解决方案；大疆则继续遵循航拍无人机的思路，将无人机卖给代理商或农户。

在无人机行业分析师杨浩看来，成熟的航拍无人机飞行控制系统是大疆的核心竞争力之一，该类技术积累会对大疆开发其他行业产品产生一定帮助，但这种帮助不是决定性的。"在很多方面，飞控必须结合飞行环境和飞行任务进行有针对性的设计与实现，它并不是一个通用的技术环节。"

他介绍，无人机在一个领域中的成熟使用涉及方方面面的因素，比如该行业本身的技术成本、人才规模、行业成熟度、产业链成熟度等。以农业为例，目前无人机系统在技术应用、产品化、商业模式等方面积累的使用经验较多，具备了一定的应用条件。

"无人机作为依据任务设计的空中机器人系统，任务一旦变化，环境特点、飞行功能、负载组成等都要结合该领域的专业技术进行重新设计，因此差别很大，几乎处处都不一样。不同行业间无人机技术的转换并不是容易的事情。"杨浩告诉《时代周报》记者。

这意味着国内外无人机企业进入其他应用领域仍存在空间，除了极飞，曾经与大疆在轻便级无人机领域肉搏的零度智控，近期亦宣布将公司方向调整向安防和巡检行业所用的侦察机上；而另一家无人机巨头亿航也在调整战略方向，将重心放在载人无人机和无人机物流上。

经过三年时间的摸索后，大疆也在调整其在企业级市场的策略。去年年底，大疆首次公布对农业植保无人机市场的未来规划，表示在农业植保无人机市场，大疆也开始要从卖硬件向卖服务转型，通过卖服务获取收益。

杨浩认为，长远看大疆将在全球航拍无人机领域处于垄断地位，但国内外的无人机公司，包括大疆在内，都将转向其他应用领域或向其他领域发展，如农业、电力、警用、测绘、遥感、军事等。"除非航拍无人机在产品生产标准化程度大大提高的同时实现技术成本的大幅降低，否则很难看到有竞争意义的同类企业出现在航拍领域。"

（原文刊发于《时代周报》2018年5月1日第490期）

阿里95亿美元"点外卖"

陆一夫

> 阿里95亿收购饿了么，布局本地生活服务领域，拉开与美团的最终决战。

作价95亿美元，张旭豪终将饿了么拱手相让给阿里。

2018年4月2日，阿里巴巴集团、蚂蚁金服与饿了么联合宣布，阿里已经签订收购协议，将联合蚂蚁金服以95亿美元对饿了么完成全资收购。

阿里巴巴集团CEO张勇声称"这是阿里巴巴有史以来最重要的投资"，而在面向阿里巴巴内部的员工信中，张勇解释了全资收购饿了么的战略意义。"作为本地生活服务的最高频应用之一，外卖服务是本地生活重要的切入点。饿了么领先的外卖服务将与口碑的到店服务一起，为阿里生态拓展全新的本地生活服务领域，完成从新零售走向新消费的重要一步。"

他表示，饿了么将保持独立品牌、独立运营，同时将依托其外卖服务形成的庞大立体的本地即时配送网络，成为支撑各种新零售场景的物流基础设施。

"支持饿了么打造本地生活超级入口，需要什么就给什么。"张勇在饿了么总部表示。

　　而张旭豪则表示，本地生活服务市场发展到现阶段，光有资本是远远不够的。他接受媒体采访时表示，其实过去饿了么收到很多财务投资人的offer，包括境内的投资人希望我们A股上市，但是如今资本已经不是在未来制胜的关键要素。"未来我们要创造更多的价值，实现我们的梦想，更多的还是资源的补充，跟生态的补充。"

　　如果日后要为中国O2O创业潮编撰一本历史，那么这一刻大概是最为值得铭记的一幕：年少成名的创业者在多番挣扎下，最后将公司卖给全球最大的电商平台之一，虽然敌不过市场和资本的压力，但却拉开了在线外卖领域的下半场——进入后张旭豪时代的饿了么，将在阿里的扶植下与美团外卖进行最终的战争。

❝ 创业者张旭豪

　　时间回到2009年的夏天，当时24岁的张旭豪为了熟悉传统外卖行业的情况，和饿了么的其他创始人承包起一家餐饮店的外卖业务，并亲自当起了配送员。大概没有哪个用户会知道，这个毕业于上海交大的硕士研究生主动放弃了到香港深造的机会，选择在外卖配送领域完成创业梦。

　　结局是张旭豪成为了外卖行业的弄潮儿，饿了么也成就了O2O这一波风口。

　　与很多互联网创业者相比，张旭豪的性格特点更加鲜明，精力充沛、言语犀利，其率直的品行是饿了么披荆斩棘走到今天的重要原因。

　　2014年前后，阿里和淘点点、美团外卖和百度外卖先后进场，缺乏巨头支持的饿了么面临着被围剿的风险，市场份额也逐渐被侵蚀。而且众多对手之中，美团外卖的威胁最为明显——第三方报告显示，美团外卖在短短9个月内就在高校市场上追上饿了么，这一阵地恰恰是饿了么起家的根据地。

为了咬住市场份额，张旭豪在办公室里跟近百个城市经理进行视频通话，咆哮着布置任务，命令各地经理必须快速打开二三线城市的市场。

这一阶段也是外卖市场补贴战最为激烈的阶段，后入场的百度外卖甚至手握200亿元资金叫板张旭豪和王兴。作为反击，饿了么的员工数量在短短一个月内翻了10倍，业务量也从10万单上涨至100万单。

"我觉得大学生创业一定会走一些弯路和坎坷，所以我觉得激情、极致、创新是我们非常重要的特质，永不言败也是重要的品质，不然我们坚持不了十年。"在饿了么被阿里收购后，张旭豪在接受媒体采访时表示自己经历比较单一，过去更多的是自己的本能、直觉、商业去尝试，留在阿里可以更深入学习这一家伟大公司的机制。

从2008年最开始有创办饿了么的想法开始，到2018年4月2日饿了么被阿里巴巴收购，张旭豪为期10年的第一次创业结束，作为创业者的张旭豪团队白手起家创造了95亿美元的财富。

对手王兴

事实上，在金主BAT的支持下，外卖市场曾在较长时间里呈现三足鼎立的局面，其中饿了么一马当先，在市场份额上领先于美团外卖和百度外卖，尤其是随着百度陷入虚假风波广告后，百度外卖随之掉队，饿了么和美团外卖的两强格局逐渐浮现。

因此，保持独立发展曾是张旭豪的最大愿望，在2015年完成E轮融资时他还曾计划在饿了么成立十周年之际实现IPO。

不过，现实是创业者往往屈服于资本的力量。

2016年4月，阿里领投饿了么12.5亿美元融资。阿里入股的原因是2015年10月美团和大众点评正式宣布合并，但新成立的美团点评并没有像滴滴般做到左右逢源，相反，在试图控股美团点评的愿望落空后，阿里加快了反击的步伐，在复活口碑网的同时阿里决心扶植饿了么对抗美团点评。

这也让王兴感到无奈和焦虑。"阿里为了给我们制造麻烦，不惜代价扶持饿了么，他们一年花了10亿美元。"他在接受《财经》杂志专访时公开了与阿里的矛盾，并表示阿里兜售美团点评的老股是为了干扰融资，"从战斗力来说，阿里非常强，但如果他们各方面做得更有底线一点，我会更尊敬他们"。

对于王兴的挑衅，张旭豪主动为阿里出头，大有投名状的意思。他针对王兴的言论表示，格局高的人不应该那样谈论自己的股东，没处理好与股东的关系是自己的问题。"人家在那么关键的时刻投资我们，给了我们支持，如果没有这个支持，我们活不到今天。"

当年张旭豪接过阿里的橄榄枝，原因在于饿了么与美团较量中处于下风——无论是资本或是流量上，美团的优势更为明显，特别是在腾讯的帮助下，美团外卖的订单量首先跨过千万级别，并一路上涨至如今的1600万日订单，而饿了么则徘徊在千万日订单左右。

此外，得益于出身阿里B2B事业部的猛将干嘉伟，美团外卖在地推上极为强势，其复制了当年"千团大战"的经验，将美团外卖接入到大街小巷的店铺中。

随着美团点评和阿里的矛盾公开化，进一步奠定了饿了么和阿里的联盟关系，张旭豪也由此逐渐走到前台，成为阿里腾讯这场代理人战争的主角。一年后，阿里与蚂蚁金服联手再次对饿了么增资4亿美元，对饿了么的持股达到32.94%，并取代管理团队成为公司最大股东。

至此饿了么被纳入到阿里版图已是板上钉钉之事。今年2月，在宣布入股居然之家后，阿里就其新零售业务分为八路纵队，其中餐饮生活服务由口碑负责，明确了分工和任务，当时市场正传出阿里正计划全资收购饿了么的消息，如今看来张勇早已将饿了么视作囊中物。

❝ 下一个俞永福?

随着饿了么被阿里全资收购，张旭豪的身份自然迎来了改变，他不再负责饿了么具体事务，仅保留董事长一职。阿里CEO张勇宣布，待交易全部完成后，张旭豪将兼任他的新零售战略特别助理，负责战略决策支持，而阿里副总裁王磊（花名：昆阳）将出任饿了么CEO。

这似乎意味着张旭豪的标杆将是俞永福而非古永锵。俞永福一直被视作是融入阿里体系最成功的外臣，其在短短3年时间里陆续身兼阿里战略决策委员会成员、移动事业群总裁、阿里妈妈总裁、合伙人、阿里文娱董事长兼CEO、阿里影业董事局主席兼CEO多个要职，并最终成为阿里合伙人。

虽然张旭豪一直希望饿了么能成为像今日头条这样独立于BAT阵营之外的存在，不过借此跻身阿里也未尝不是好事，毕竟与美团外卖的较量中饿了么已经处于下风，即使与百度外卖达成并购后其市场份额也与美团尚有差距。根据国家信息中心发布《中国共享经济发展年度报告（2018）》。报告显示，目前美团外卖用户数超2.5亿，占据62%的国内市场份额。

如今借助阿里的资金和新零售生态，饿了么与美团终有一战，不过这将不再是张旭豪一个人的战争，他所面对的将是腾讯、美团点评甚至是京东的联合挑战，外界所期待的补贴大战将再次一触即发。

在阿里和腾讯两大金主较量中，美团、饿了么和滴滴俨然成为争夺移动支付和场景上的棋子。目前美团点评正猛烈进攻滴滴的阵营，滴滴也开始试点上线外卖服务，再加上饿了么的搅局，外卖和出行呈现多方博弈的局面。

对于王兴而言，这大概是他最不愿意看到的收购。随着饿了么进入阿里体系，美团点评面对的不再仅仅是饿了么，而是口碑、百度外卖、饿了么甚至是滴滴的联合反击，其背后有着阿里源源不断的支助，这无疑对美团点评的财务带来一定压力。

　　"此次收购预示阿里与美团将全面开战。"电子商务研究中心主任曹磊分析称，收购过后，美团点评需要面对饿了么、百度外卖、口碑以及整个阿里系的协同对战，可能会对美团点评打造"中国最大生活服务电商"的多元化布局造成一定麻烦。

（原文刊发于《时代周报》2018年4月3日第486期）

第三章

苹果落地

　　美国《时代周刊》认为乔布斯是个自相矛盾的人，因为他从禅宗寻求宁静，却又强势逼人。有专业人士认为，这是西方语境下对乔布斯以及对东方智慧的一种误读，相信佛教，不意味着"出世"。"平静之下开启智慧之门"，东西方文化的融合，这正是乔布斯创新的源泉。

　　苹果的iPhone是革命性与前瞻性的，成功到以至于每一轮苹果的产品更新，外界都会翘首以盼以及期望甚高。无论当下的苹果是否饱受争议，但苹果无疑是推动这一轮科技变革的重要力量。不过，这种冲击毫无遮挡的便落到了传统PC业以及ICT领域，残酷的洗牌与市场竞争后，行业被改造。

　　过去的十年，对传统PC业，是行业重塑以及寻找新定位的十年。当苹果气势汹汹地冲进PC行业中，即使是英特尔和微软这样的行业霸主也叫苦不迭。多年来，无论是芯片厂商、系统厂商还是品牌电脑厂商都在不断追赶与改变策略，而事实证明，PC行业并未因此而消亡，而是正在被重塑。

英特尔"宫心计"

李瀛寰　谭　骥

> 行业霸主英特尔与微软驰骋多年未逢敌手，然而却不得不面临苹果的强势来袭。对于苹果，英特尔并未乱了阵脚，一方面继续按照摩尔定律更新产品技术，一方面开始布局未来。但事实证明，英特尔试图复制PC业上联手操作系统的方法并没有收到效果，在移动互联网时代，英特尔仍然未能获得一个确定的未来。

2010年10月26日，大连金州，阳光灿烂。

这一天，是英特尔在中国的大日子，建设了三年之久的大连晶圆制造厂正式落成。25亿美元的投资、23个足球场大的厂区，是英特尔在亚洲的第一个晶圆制造工厂，新工厂将首先采用65纳米制程技术。

在庆典仪式上，英特尔CEO欧德宁着重提到了"智能革命"，大连晶圆制造厂也是英特尔布局智能未来的一枚重要棋子。

英特尔近来很忙，除了中国的生产线落成这一桩，还有不少收购及投资项目，如收购McAfee、英飞凌无线部门，向手机游戏平台OpenFeint投资300万美元，等等。

面对未来的智能时代，当下的英特尔正在处心积虑、步步为营，以实现继续"垄断"智能未来的野心。

▌大连晶圆厂的"重任"

在庆典之后的采访中，英特尔中国区总裁杨叙至少三次提到了未来的智能市场。

英特尔大连芯片厂（Fab 68）是英特尔在亚洲的第一个晶圆制造工厂，全球第八家300毫米晶圆厂，采用65纳米制造工艺代替90纳米制造工艺，这也是目前英特尔在中国可以采用的最先进制造工艺。

该厂将首先生产芯片组产品，支持从笔记本电脑、高性能台式机到基于英特尔至强处理器的服务器等各种产品。

这两年，英特尔对其在华生产运营进行整合，2009年2月，英特尔宣布将上海浦东的封装测试厂整合到成都工厂，并于今年年初完成整合。现在加上大连晶圆生产厂，英特尔在中国已经形成了前端晶圆生产加上后端封装测试的一整条芯片生产线。

谈及大连工厂的产能及后续发展设想时，杨叙说："大连工厂的定位不仅在PC领域，更多的考虑则是在智能领域，如智能手机、智能电视、智能车载娱乐系统，"顿了一顿，杨叙继续，"PC之外的市场更重要，（大连工厂）方向上就是这个大方向。"

当前，中国正成为全球最大移动互联市场。据中国互联网络信息中心（CNNIC）发布的《第26次中国互联网络发展状况统计报告》，到2010年6月份止，中国手机上网用户达2.77亿，占手机用户数近四成；半年内新增手机上网用户数4334万，增幅18.6%。

面对这个大市场，英特尔如果不布局，那才是不明智。其实，大连晶圆制造厂承载了英特尔的双重梦想。

一个是中国梦想。大连工厂的落成，不仅对英特尔中国公司意义重大，对大连金州同样意义深远，符合了中国"拉动东北老工业腾飞"的发展政策，而这一点，正是杨叙口中的英特尔在中国发展的第三阶段目标："与政策挂钩，英特尔在中国的发展要符合中国整体的发展方向。"

对英特尔来说，加上投建的研究中心和实验室，英特尔在中国投资总额达到47亿美元，辐射中国东部、西部及东北地区。

英特尔另一个梦想，就是智能未来。因为有中国的移动互联大市场，这一梦想在中国实现的可能性更大。

9月，一年一度的英特尔秋季信息技术峰会（IDF）在旧金山举行。在这场全球瞩目的大会上，欧德宁阐述了英特尔的未来战略——高效节能、互联网连接性和安全。这三大战略的发布，也解开了人们对于英特尔为何耗资百亿美元进行收购的疑惑。

8月16日，英特尔宣布收购德州仪器的电缆调制解调器部门；8月19日，英特尔宣布以每股48美元现金收购安全软件公司McAfee，这一宗交易总值约78.6亿美元；8月31日，英特尔又以约14亿美元的现金收购了英飞凌的无线解决方案部门（WLS）。

短短的一个月内，英特尔的三大收购战耗资约100亿美元。

英特尔一直强调自己是一家"inside"公司，而目前通过这一系列收购以及欧德宁和杨叙口中所提到的智能未来，其实英特尔想在未来智能时代仍然成为一家"inside"的公司，这个野心已经昭然若揭。

❝ 英特尔野心

对于英特尔而言，更多的考虑在于机会，未来的三网融合所带来的远远不只是产品更新换代这样简单。杨叙也曾对媒体表示，三网融合会带来非常大的产业融合，很多新模式会随之诞生。

事实上，对于未来产业融合的考虑，已经在英特尔的策略中体现出来，以往的英特尔在推出芯片过后，测试完驱动程序与兼容性便结束了，但现在，英特尔却希望从产业链上进行垂直整合，这也是英特尔近期推出很多新概念产品的原动力。

不过，牵一发而动全身，作为上游芯片厂商，英特尔在芯片市场上占据了很大的市场份额，英特尔所推出的概念产品，无法绕过IT厂商，英特尔认为好的产品，IT厂商是否同样认为好？这一点很大程度上决定了该产品是否有很好的未来发展。

总之，英特尔变得不安分起来。

10月19日，英特尔中国曾经担任华东区总经理的客户端平台部经理张健，在广州的交流会上，除了带来英特尔新的酷睿产品以外，还带来了英特尔在电视播放上面的新技术——无线显示技术，而所有的内容都显示，英特尔野心勃勃。

首先是处理器产品，除了一如既往的性能提升、功耗降低以外，英特尔还提出了一个未来趋势：融合。

张健表示，在新酷睿的产品里，图形显示技术有了很大提升，而随着半导体技术发展，一些其他功能单元可被放进芯片里面，这会为电脑带来很多的好处，功耗降低，电池更耐用。

根据英特尔的市场调查，大众对显示技术的需求完全可以采用英特尔的集成处理器，没有必要再去购买单独的显卡，只有对高端3D游戏等少量用户才需要去购买显卡。

对于显卡厂商，这无疑是一大打击。2006年7月，显卡厂商ATI被处理器厂商AMD以42亿美元加5700万股股票共计54亿美元收购，英特尔无疑只能选择与英伟达（NVIDIA）深入合作，事实上，英伟达确为英特尔立下了汗马功劳，不过，当英特尔推出进入独立图形芯片市场的"Larrabee"计划后，两家公司便变得貌合神离。

两家同样都不愿意受制于人的公司，产生纠纷便是很自然的事情，而近期FTC（美国联邦贸易委员会）所起诉英特尔的案子当中，英伟达便从中获益，其CEO黄仁勋一直对外表示，FTC起诉英特尔意义重大。

《时代周报》记者了解到，未来英特尔仍然会义无反顾地加强图形显示技术，以对抗英伟达，从而在图形显示领域拿下自己的发言权。

除了显示功能的融合，英特尔中国客户端平台部经理张健还为媒体介绍了新的无线显示技术，该技术的亮点在于只需一个小盒子，便能够实现笔记本无线传输视频到电视机，这无疑是英特尔又一投石问路的招数。

这项名为WiDi的技术在原理上是采用大家所熟知的WiFi技术，目前据消息称，联想已经在几款新的笔记本电脑产品中加入了该项技术。

这项技术同样具有很大的野心，因为目前的彩电厂商正在不断钻研互联网电视，不过，互联网电视的价格却远远高于几百元的WiDi设备，而从目前来说，使用笔记本电脑上网无疑比互联网电视上网更加方便，如果更多的IT厂商加入该计划，更多的消费者接受这种产品，彩电厂商的生存空间则会变得更小。

不过，英特尔更像是一个主宰者，几百块的设备并不是他们的意愿，据《时代周报》记者了解，该产品是一个整体平台解决方案，需要有英特尔专门的处理器。英特尔的图形显示芯片以及英特尔的网卡一起配合使用，独立显卡已经被排除在这个方案之外。

张健告诉记者，目前联想、索尼、戴尔三家厂商已经加入该计划，也有个别厂商在与英特尔沟通，预计明年会有更多的厂商加入到该计划当中。

实际上，这很容易让记者联想到不久前英特尔所推出的HTPC（家庭影院电脑）上。2010年8月29日，英特尔中国发布了HTPC的产品，这种放在电视机旁边的电脑，主要用于播放视频，同样，英特尔也是在推广一个整体解决方案。

英特尔中国华南区总经理李荣燊当时接受《时代周报》记者采访时表

示，英特尔是在推广一个概念，一种应用模式，而不是卖电脑，而英特尔看到的是一个机会，而一些主流IT厂商的策略他无法评论。

收购迈克菲和英飞凌

最让人疑惑的是，英特尔在今年8月20日，以每股48美元的价格收购安全软件生产商McAfee，交易总价约为76.8亿美元。

一个业内流传的笑话称，有一天英特尔CEO欧德宁在办公室想要品尝一下麦当劳的麦咖啡（McCafe），于是让助手买麦咖啡，而这位助手结果误将麦咖啡听成了迈克菲（McAfee），马上动手收购了迈克菲，欧德宁随后问助手多少钱？助手回答：76亿美元。

这段笑话显示了外界对于英特尔收购迈克菲的一个疑惑：硬件厂商收购一家软件公司，并且是杀毒软件，这究竟怎么回事？

外界猜测，此前迈克菲收购了Trust Digital和TenCube，这两家公司均为移动安全服务商。Trust Digital可以为iPhone等智能手机的企业用户提供安全保护，而TenCube则是Android、黑莓、Symbian和Windows Mobile智能手机安全软件WaveSecure的生产商。

又有猜测认为，由于英特尔与诺基亚联手开发MeeGo系统，如果收购了迈克菲，那么在未来的移动操作系统上，成功的几率会更大。

英特尔中国华南区总经理李荣燊对《时代周报》记者的回答是，越来越多的终端设备基于互联网的应用，因此，未来互联网的安全问题将更突出，基于这种考虑，英特尔收购了迈克菲。

李荣燊说，英特尔会将软件"拉"进硬件里面，比如将安全技术嵌入到处理器等产品之中，让安全软件与硬件做紧密的合作。

如果真的能够达到这种效果，英特尔甚至会将传统的安全软件生产商边缘化。因为英特尔掌握的是前端命脉，如果前端能够保证设备的安全，杀毒软件将不复存在。

英特尔的布局细致和缜密。

对于收购英飞凌无线部门，欧德宁说道："期望在不久的将来会出现这样一个时期，所有这些功能都被整合到一个单一芯片中。英特尔如果能将3G以及最终的LTE技术整合入芯片当中，从经济以及市场地位的角度来说，对英特尔都是非常合理的。"

一个芯片足以涵盖消费者对无线、安全等在移动互联时代的应用考虑，这不正是英特尔的"垄断"式以及全方位"inside"式的考虑吗？在英特尔"互联计算"战略的愿景中，英特尔架构将为所有设备提供计算支持，以构建通用的硬件、软件和生态系统解决方案，使跨设备的计算无缝协同，实现一致的用户体验。

今天，无论英特尔自己的IDF大会，还是在中国建立工厂，英特尔时时刻刻都试图在传递"把控智能时代"的野心。

英特尔VS AMD

10月12日，AMD公司与北京市政府签约，欲将北京打造为AMD第二全球中心。

AMD董事会主席柯福林透露，AMD大中华区将承担越来越多的决策任务。"AMD未来的很多决策，包括业务运营、技术投资及产品定价等方面，将会越来越多地在中国来完成。"

柯福林还透露了未来AMD的努力方向：其一，扩大在华研发；其二，提高在华的组装、生产力，用以支持全球其他市场；其三，为中国市场配备更多的销售、服务、支持人员；其四，未来转让更多技术给中方。

不错，与英特尔25亿美元投资落户大连相比，柯福林的承诺显得有点"虚"。

柯福林也谈到："当然，随着时间的推移，北京的角色将越来越重要。"中国拥有世界最多的互联网用户，其中大量用户通过手持设备上网，AMD也已意识到这一市场趋势，将在自己未来的产品中，结合高速处理能力、低功耗及一流的图形视觉体验，满足消费者移动上网需求。

AMD同样感知到中国市场及智能市场的重要性，虽然从动作上看，AMD不如英特尔快速。但AMD有自己的步调，柯福林认为："从这里走向全球市场，才是'更明智的做法'。"

在布局中国市场时，英特尔高举高打，意图抢占智能市场的未来话语权，AMD悄悄进行，不多言说。

在面向未来的智能领域，英特尔正在布局。对手中，既有通信行业的ARM，也有追赶兵AMD。

智能时代刚刚开始，一切都在变化之中。英特尔想继续PC时代的、来自产业层面的"垄断"，已经不太可能。但谁将胜出？英特尔吗？还是AMD、ARM？

（原文刊发于《时代周报》2010年11月1日第102期）

杨叙眼中的PC业

谭 骥

> 从移动互联网时代开启过后，杨叙几乎每年都会跑一趟深圳。第一轮战略英特尔试图拉拢华强北的山寨厂商，用更为廉价与大众化的产品，向苹果发起攻击，但收效甚微。杨叙很清楚当时英特尔的处境，但英特尔仍然划出了自己的边界，机会仍然在芯片。

一个多小时的交流，却不下十数次地提到"iPad"。

2010年11月25日，英特尔全球副总裁、中国区总裁杨叙在深圳大讲"产业变化中的英特尔如何转型"时，丝毫没有掩饰苹果为整个产业所带来的冲击与启发。

"尽管目前大家的发展兴趣开始转向平板电脑、手持电脑等，但PC产业规模仍然非常巨大，当前PC产业正在经历一个残酷的整合期，整合期完成后，规模会变得更大，不过厂商会较少，随后就是产业的稳定增长期。"杨叙说，"另一方面，英特尔处在这种行业变革当中，也会有很多的改变，不过，英特尔最终的目的还是在芯片产品上面。"

英特尔的机会仍在芯片

时代周报： 英特尔如何推动产业的标准化？

杨叙： 现在大家都还在探索。今后每个公司都要从芯片到设备，到操作系统，中间件到应用软件，全部要垂直来做，我相信这样的公司肯定不多，而且挑战巨大。

目前到了垂直整合、个性化的时候，这类软件是很小的，开发时间很快。众多的软件出来以后，不能只存在一个硬件上面，他希望很多硬件设备都能跑。未来的智能手机，平板电脑，甚至电视机，不同的操作系统，有英特尔的MeeGo，还有其他的一些产品，都希望能在上面跑。但是有人会悟出来在中间做一个标准化的平台，然后使这些东西在上面都能跑。

时代周报： 当标准化出来后，英特尔会如何来抓住其中的机会？

杨叙： 英特尔首先不会去做标准化这件事，英特尔的机会仍然是在芯

杨叙

片上面。

如果产业里面有人做出来中间件，一个服务平台，各种智能手机、平板电脑都可以下载，都可以跑，那想一想，是不是把所有设备都打败了。所以这样的话芯片机会会很多。

当然英特尔还有更多的机会去合作优化，而且英特尔芯片性能上的优势也可以展示出来。现在英特尔最重要的就是降低功耗。

在转型中学习

时代周报：之前英特尔也提到了转型，如果英特尔的机会仍在芯片上，如何来理解英特尔转型？

杨叙：转型就是从传统的PC转型到个性化的PC，就是从以工作为主、处理信息为主的设备转型到以体验为主的设备。体验为主的设备，有很多新的产品形态，这是一个大的转型。

这就要求不能只是具备纯芯片能力，体验为主的设备里面有个共性是什么呢？它需要人们对体验的追求是希望跨屏幕，比如，在这个设备上面能是这个效果，在另外一个设备上面也要达到同样的效果，在大的屏幕上面也是要达到同样的效果。

所以以个性化为需求的宗旨，就要芯片和软件的相互关联，英特尔不做垂直整合，但是每一层的关系我们要研究透，这是以前英特尔不太懂的，也是我们现在要去学的。

时代周报：这一年来产业发生了很大的变化，PC行业究竟会朝什么方向发展？

杨叙：我们之前看到了互联网向个性化的方向发展，电脑设备也会逐渐以工作方式与体验为主的两种形态来发展，我们看到了，但是只走了一步，没有苹果想得那么深入，因为英特尔毕竟不是做最终产品的厂商。

现在整个产业都在比创新，而不像以前想的是如何将成本压下来，这是非常好的事情。产业更加细分，都在寻求差异化的产品和服务方式。

时代周报：英特尔在MeeGo上面有什么策略？

杨叙：英特尔在MeeGo上面的策略就是专注，手机是第一个需要专注的领域，然后是平板，再然后是智能电视。

时代周报：在集成显卡方面，英特尔近期推得比较多，这是否会影响英特尔与独立显卡芯片厂商的关系？未来显卡芯片厂商会处在怎样一个位置？

杨叙：不管任何一个公司，在自己的领域里面不断创新，给客户提供最好的效果，都是奋斗的目标和宗旨。英特尔经过这么多年不断的努力，现在集成显卡达到这样的效果，我相信对很多消费者来讲是一个好事。

但是同时像你说的第三方独立显卡厂商，他的产品性能也在不断提高，同时也有人还会继续购买独立显卡，所以这是满足不同的需求。

（原文刊发于《时代周报》2010年11月29日第106期）

英特尔如何投资未来?

谭 骥

也许一个有趣的现象反映了目前英特尔的状况。

2011年7月21日,英特尔发布了2011年第二季度财报,英特尔营收131亿美元,继续保持着强劲的势头。但是,此前分析师的平均预期却在128.3亿美元。

近年来,英特尔再度杀入移动互联网,希望能够抓住产业转型的机遇,外界一些观点似乎并不看好英特尔。实际上,在英特尔内部有一个名为英特尔投资的部门,这个部门也许会在未来发挥很大的作用,这不是单纯的VC投资,更多的是战略层面的生态圈以及未来方向的投资。

按照英特尔执行副总裁兼英特尔投资总裁苏爱文(Arvind Sodhani)的说法,英特尔投资作为战略投资者,其目标是既支持英特尔长远战略发展目标,又能从投资中获得现金收益。同时,英特尔投资的侧重点在生态系统、市场开发、弥合技术鸿沟以及尖端技术四个层面。

8月2日,《时代周报》记者在深圳专访了来到中国的苏爱文,他为记者解读了英特尔投资的"军备"情况。英特尔在移动互联网有着怎样的战略储备?英特尔又将在中国进行怎样的投资策略?

❝ 重视英特尔未来发展

时代周报:支持英特尔的长期发展,又能够从投资中获取收益,但是，有时两者之间可能遇到一些冲突，比如有些赚钱的投资项目可能在英特尔关联很小，对于英特尔投资而言，哪个方向才是重点？

苏爱文：假设它确实和英特尔的产品目标没有任何的关联度，比如说在房地产这一方面，尽管这一方面可以带来巨大的收益，但是我们也不会对此有任何的兴趣。

目前英特尔投资下设七个投资团队，包括：软件与服务团队，计算团队，清洁技术团队，数字家庭和数字媒体团队，消费者互联网团队，移动领域团队，制造和内存团队。投资领域非常广泛，包括软硬件研发类企业，生产型企业和技术服务公司，涉及家庭、企业、移动通信、医疗卫生，互联网设施和应用，半导体设计和生产，环保科技等领域。

有一些的确是现阶段对英特尔的生态系统有帮助的公司，这些有助于拉动市场对英特尔产品的需求，也有比如尖端技术方面，虽然这些技术与英特尔当前的业务关系不大，但可能会在未来3至5年内派上用场。

时代周报：近年来，很多IT公司都在转型，英特尔同样如此，如何看

英特尔投资总裁苏爱文（《时代周报》记者 邝阳升 摄）

待转型问题?

苏爱文: 我们公司正不断变革、不断演变,不会完全止步不前,我们知道科技也是日新月异的,因此我们公司也必须随着科技的变化不断往前走和不断地进行变革。

英特尔刚开始是一家专门针对内存的公司,现在慢慢演变,现在针对处理器,现在我们关注移动互联网。移动互联网其实也不仅是移动互联网领域,还涉及其他关注移动互联网的企业、服务器和数据中心。

像我们这些应用软件的开发商,一旦开发一个软件必须和数据中心是连接的,所以所有这些和移动互联网相关的,我们都是关注的。并且我们公司刚开始的产品只是供台式机使用,后来转向笔记本到今天针对平板、智能电视和机顶盒等应用,我们公司是针对消费者的需求不断改革自己、变革自己的。

时代周报: 此前有消息称,英特尔投资的发展策略曾有过一些变化,比如英特尔投资在投资的过程中,会与企业签订一些对英特尔未来有帮助的协议,在这方面,英特尔投资是怎样的态度?

苏爱文: 英特尔在过去投资方面并没有专门这样一种特殊的投资政策或是战略,硬性要求投资的这些企业跟我们签订一些商业的协议。

但是,我们英特尔投资在投资的过程中对这些企业,假设他们确实有这种愿望和英特尔旗下的其他事业部进行合作,我们肯定是很乐意投资他们,并且我们也会和他们有一定其他类型的相关合同和协议。但是,我们可以看到这方面的投资确实是多模型的,不能一概而论。

时代周报: 英特尔投资在中国投资了不少的公司,比如之前的搜狐、凤凰新媒体以及好乐买,能否透露英特尔投资在投资这些互联网企业时的具体考虑?

苏爱文：比如凤凰新媒体，新媒体是对传统媒体的创新与革命，它改变了人们获取信息、消费娱乐以及互动沟通的方式，在中国市场展现出巨大的发展潜力。此次注资凤凰新媒体证明了英特尔投资继续支持中国本土科技创新、推动产业升级的信心与承诺。

而2010年10月，注资好乐买则是在消费互联网领域。互联网引发了传统商业模式的变革，并带动了产业结构调整和经济增长方式的转变。除PC之外的各种终端设备的使用又催生了互联网个性化趋势，而将通信网、电视网和互联网相结合的三网融合则为这种趋势提供了强大的基础设施。三网融合是中国发展经济的新型战略性产业。

时代周报：近年来，中国的互联网不断升温，很多公司到美国上市，但在近期，似乎美国一些投资者对一批赴美上市的公司有些看法，另一方面，很多这方面的公司也不断获得大量的投资，如何来看待这个现象？

苏爱文：其实对于美国证券交易委员会SEC来说，他们这么做的出发点是为了更好地保护投资者。对于中国的企业来说，他们在去美国之前如果准备非常充分，并且按照所有的标准，财会的标准都做到位，他们在那边是绝对没有问题的。现在全球对中国企业具有非常大的兴趣。

就现在这个时间去判断是否会出现泡沫可能为时过早了，中国消费互联网处于上升期，在不断增加新的用户，我们觉得中国这方面仍然具有潜力。

❜ 投资移动互联网生态圈

时代周报：目前英特尔投资在中国市场的情况以及未来投资计划是怎样的？

苏爱文：在中国，确实现在VC和PE非常火爆，有大量的VC公司和PE

公司都进入了中国，希望可以抢一杯羹，我们可看到这些公司进入中国市场的主要原因就是，他们看到中国这块市场的巨大潜力，以及看到中国的互联网用户数量是在不断地剧增。

这也是为什么我们公司在1998年而不是2004、2005年进入中国，成为这个市场开发的引领者。确实，因为这么多的参与者，这些成本也在上升，我们的确在跟其他的一些同类机构在竞争。

自1998年进入中国以来，英特尔投资总的投资其实已经达到5亿多美元，投资公司的数字已经达到100家，其中大多数的公司已经上市。

我们一直认为中国这个市场确实可以给投资者以及我们公司带来巨大的机会，并且我们会继续在中国这个市场进行投资和运作。我们在中国北京、上海和香港拥有非常优秀和庞大的团队，他们将会继续抓住这个市场的机会帮助我们创造商机。

时代周报：在投资过程中，英特尔投资最看重的是什么？

苏爱文：首先我们是非常关注这家公司的管理团队，因为对于这些初创型企业来说，他们成功关键的因素就是其管理团队的素质以及管理团队是否具有前瞻性，以及他们对整个公司投入的程度。

还有其他的一些标准，包括这家公司他们商业模型是否可行，另外就是公司是否具有强大的市场机会，他们提供的服务和产品是否在市场上处于引领的地位，这家公司的业务、业绩可以增长速度的快慢。另外是公司所拥有的资源，包括人力资源，他们是否有正确的人才。当然还有一点，他们公司拥有的技术能力。

（原文刊发于《时代周报》2011年8月8日第141期）

移动、联通战 *iPhone*

谭　骥　王　刚

> 　　近日，中国移动不仅推出了专门为iPhone客户提供的"剪卡"服务，还将"iPhone专区"开设在自己的网站当中。2010年12月1日，中国联通的iPhone新政开始正式施行，这一捆绑式政策尽管没有直接明确说明是针对中国移动，但是意图却非常明显，这让中国联通头痛不已。在两家通讯运营商接连出招的背后，一场争夺iPhone客户的暗战正在展开。

移动出招联通应战

　　据中国联通方面向《时代周报》记者提供的一份资料显示，新入网的iPhone合约计划用户除与中国联通签订《中国联通移动业务客户入网服务协议》外，还需签订新的《中国联通客户3G iPhone合约计划业务协议》。

　　协议规定，中国联通iPhone合约计划用户，只有在机卡不分离使用的情况下，方可享受中国联通提供的终端补贴优惠政策。用户如机卡分离使用，中国联通有权取消对客户的终端补贴，用户号码将被停机、iPhone终端将被锁定，同时客户还需承担相应的违约责任。

中国联通新闻处相关人士向《时代周报》记者表示，中国联通的态度非常明确，主要为了维护消费者的权益，抑制扰乱通信市场的行为。

该人士表示，中国联通方面并没有认为此举损害了用户的利益，新政策对于真正想要使用联通3G业务的用户没有任何影响，只是对黄牛、对套机的那部分人有影响，而且还有几十万用户正在等着使用联通3G业务与iPhone4。

今年10月，广东移动总经理徐龙在中移动的网络社区"139说客"上面发表了一篇文字，称"目前70%的iPhone客户使用的是中国移动的网络，并直接在线上征集其他服务iPhone客户的举措"。

该文迅速吸引了网友热议，纷纷提供建议，设立iPhone应用专区、设立苹果用户交流区、推出iPhone套餐，甚至研发TD"苹果皮"等等建议都被网友提出。

徐龙此言并非戏言。11月2日，中国移动在北京68家营业厅推出了免费剪卡业务，11月8日，中国移动营业厅出现了iPhone客户服务专区，中国移动的iPhone战略逐渐开始浮出水面。

"中移动各品牌的动感地带、全球通等都可以剪，对象是使用iPhone4的移动用户，是免费的。"《时代周报》记者在北京移动一位客户人员处了解到，在北京每个区的主营业厅可以办理剪卡业务。

而对于中国联通锁定终端等措施，该人员表示，目前还没接到相关的应对措施和通知，目前也没有专门针对iPhone4套餐，并且不支持3G，是普通2G网络。

《时代周报》记者也在广东移动的官方网站上看到，"iPhone专区"已正式上线，除了139邮箱、飞信等中移动的iPhone应用之外，还在显著位置有一项"sim卡服务"，该服务正是为iPhone与iPad提供剪卡服务的介绍，广东目前有广州、深圳、东莞等9个城市开设剪卡服务。

决战高端用户

事实上，中国联通9月开始销售iPhone4后，一直表示，iPhone4的销售非常火爆。近日，中国联通副总裁李刚对媒体表示，截至目前，iPhone4的预约用户有60多万，已经有40万左右的用户拿到手机，仍有20万的用户在等待，目前每天的预约用户在8000-10000之间，而且在10月份新增的110.2万3G用户中，iPhone 4大概有20万，约占20%。

而且，中国联通方面称，中国联通为此付出了巨大的代价，每部手机缴纳约17%的增值税，还在合约计划中进行了大量的购机补贴。

此前，中国移动不管是从用户数还是从高端用户数上，都在三家运营商中占据有利位置，然而，当iPhone4上市后，吸引了一大批高端用户。不过，这其中也有一些不希望换号，而选用了中国移动的用户。

中国移动正是瞄准了这批用户，提供iPhone服务，并且不惜免费剪卡来留住这一批高端用户。当然，中联通此前也曾表示，有73%的iPhone4用户是从中国移动"转移"过来的。

不过，一直到目前，中国联通并没有直接明确表明竞争对手的身份是中国移动，但李刚的话却显得理直气壮："迄今为止，中国联通是苹果公司在中国内地唯一合作的运营商，也是包括iPhone4在内的iPhone手机唯一授权运营商。"

据了解，中国联通不但拥有苹果的授权，每一部iPhone还拥有两个许可证——工信部的入网许可证与商务部的进口许可证，李刚称，缺少这两个证的iPhone都是非法销售。

近日，《时代周报》记者从广东联通方面了解到，广东联通的iPhone新政于12月1日正式实行，联通每一部iPhone4的串号都已经在售出时与卡号绑定并记录，可以很容易地追踪手机是否被违规使用。而自12月1日联通反拆包新政正式实施后，iPhone4合约用户若机卡分离，不使用联通号卡，将冻结话费。

此外，该人士还称，苹果公司在iPhone4测试规范中，明确提出需使用电压为1.8V微型USIM卡进行测试，而目前市场上绝大部分2G SIM卡为支持3V和5V电压的卡。因此只有测试通过的微卡才能应用到iPhone4手机中，才是正确的微卡。

李刚的愤怒不难理解。此前，李刚曾提到，中联通高层跟苹果方面的谈判非常艰辛，合作条款也是逐步推进，在拿下iPhone后，却被其他人轻易获得了好处。

从目前来看，中国联通的新政已经引发了轩然大波，但故事中另一位隐藏的主角——中国移动却并没有公开表态。业内专家对此看法也并不一致，有人认为，中国联通维权并无不可，也有人认为，中国联通应该更多地反思。

但是，在中国移动的"iPhone保卫战"这一招打出来后，中国联通已经重重回击，中国移动又将会如何来应对？这一场已摆到桌面上的暗战又会怎样收场？

（原文刊发于《时代周报》2010年12月6日第107期）

宏碁的谋略

王 刚

> 移动互联网时代的竞争再也不是单一产品的竞争，而是上升
> 到整个生态系统的竞争，软件和内容为王。长于硬件的宏碁，如
> 何应对？

人事"大变动"后的宏碁貌似已经恢复平静。2011年4月15日，宏碁在北京发布搭载谷歌Android 3.0"凤巢"系统的ICONIA TAB A500平板电脑，迈出了转型移动互联网重要的一步。

而在此前，宏碁全球CEO蒋凡可·兰奇辞职，上网本遭iPad"重创"，中国区方正事业部大裁员，以至于其创始人施振荣表示"宏碁将迎来第三次再造"。

"宏碁成为IT行业领袖的战略一直不会变化，施振荣先生希望宏碁要以恰当的方式做正确的事，一方面持续增长，同时要使投资有价值，总有一天会成为第一名。"宏碁全球副总裁、中国区总经理艾仁思对《时代周报》表示。

随着移动互联网时代来临，PC厂商纷纷开启了"转型"之旅。有人说，平板电脑是苹果作为庄家设下的"鸿门宴"，市场泡沫丛生，但是却不能缺席。

叫板iPad

时代周报：相对于iPad，宏碁PAD产品布局是否姗姗来迟？

艾仁思：这是媒体的误解，宏碁是全球第一家推出谷歌Android 3.0"凤巢"系统平板电脑的PC厂家。其实，去年就可以推出产品，但是我们一直在等待专门为平板电脑研发的Android3.0。

Android2.X的平台更多适用于智能手机。搭载Android2.X系统的平板电脑，分辨率非常低，不能提供平板电脑的体验。10英寸以上的平板电脑产品如果没有搭载Android3.0以上的系统，那其产品基本就是摆设。

时代周报：iPad已经成为平板电脑的"代名词"，如何看待宏碁平板和iPad之间的竞争？宏碁如何取胜？

艾仁思：首先是价格优势，宏碁A500起价仅为3299元，是目前搭载Android 3.0标准系统最便宜的平板电脑。

相对iPad，A500最大的优势体现在商用方面，iPad采用的均是封闭式系统，且主要功能都集中在娱乐上。而Acer A500可通过外部驱动来读文件，可以连接到PC进行文件分享等。

时代周报：如何定义宏碁A500的市场目标？

艾仁思：目前Acer在笔记本及上网本中的全球市场份额为13%-25%左右，希望平板电脑最低要做到这样的规模，宏碁将致力于成为平板电脑产品的首选品牌。

PC不会消亡

时代周报：未来是否会押宝谷歌Android系统？是否担心谷歌一家

独大?

艾仁思：我坚定地认为，Android3.0的操作平台将会颠覆整个平板电脑市场，其他操作系统将"举步维艰"。到目前为止，我不担心谷歌会改变它的战略，谷歌的态度还是非常开放合作。

时代周报：移动互联网时代，软件和内容为王，作为硬件厂商的宏碁将如何补缺?

艾仁思：宏碁不会只卖终端，也在构建商业模式。为了能够给用户提供更加网上和内容的体验，Acer推出另外两个服务的平台，第一个平台是在线内容平台，用户可以获取各种内容和应用，包括新闻等等。第四季度会推出内容分享平台，通过这个平台，用户可以在家里的平板电脑和各种不同设备上分享内容。

时代周报：平板电脑是否会对宏碁的笔记本和上网本产生威胁?

艾仁思：平板电脑并不会取代笔记本电脑，但是会推迟消费者购买笔记本电脑的时间。平板电脑的特性注定了其是消费互联网内容的终端产品，而笔记本电脑则是创造互联网内容、让用户进行频繁互动的产品。

平板电脑对上网本的冲击确实很大。但幸运的是，中国的上网本市场只占据整体移动PC市场的6%，即便平板电脑对上网本市场造成冲击也不至于影响宏碁的业务，宏碁反而会售出更多的平板电脑。

（原文刊发于《时代周报》2011年4月25日第126期）

戴尔的转型逻辑

李瀛寰

> 戴尔是传统的PC巨头，到底要转向何处？谋求转型的戴尔，尽管会让人有陷入迷局的感觉，但细细分析，仍有一条清晰的思路隐藏其后。

尽管戴尔的业务早已多元化，但人们想起戴尔时，第一印象仍是全球第三大PC厂商。

在苹果、谷歌的创新冲击下，传统PC厂商都在谋求转型，但戴尔似乎更加"沉寂"了，虽然也推出了5英寸屏的平板电脑，但推广力度不大，虽然也有移动手机，但市场反应不大。戴尔似乎仍坚守在传统PC领域。

就算来自戴尔的消息也显得扑朔迷离。针对近日悄然刮起的"出售PC业务"的传言，迈克尔·戴尔说，完全没有剥离PC业务的计划。戴尔公共事业和大型企业事业部全球总裁Paul Bell则说："戴尔将在2012年投入10亿美元用于转型，将由PC制造向技术解决方案和服务领域转变。"

2011年4月22日，在接受《时代周报》记者的独家采访时，戴尔全球副总裁、戴尔大中华区总裁杨超强调，戴尔本月将在中国大陆正式推出5英寸平板电脑，支持WiFi和WAPI，并将于晚些时候，引入更多的平板电脑、智能终端。

戴尔还是一家PC厂商？

前不久，惠普被传"出售PC业务"，惠普首席执行官李艾科严词否认。据英国《金融时报》报道，李艾科表示："我们绝对不会出售PC业务。这是我无法忍受的谣言，对该谣言我完全否定。"

在PC企业纷纷转型的大背景下，同样的传言也落在了戴尔头上，4月24日，戴尔公司总裁迈克尔·戴尔在接受媒体采访时表示，戴尔完全没有剥离PC业务的计划。

但是，与总裁戴尔先生的话相反的，却是戴尔的实际动作。或许，这也正是传言的来源。

在4月7日举办的2011戴尔技术论坛上，到场观众几乎听不到任何PC类议题，平板电脑算是戴尔唯一主动提及的、和PC相关的产品，其余的全是解决方案：下一代数据中心的解决方案Vostro；戴尔在智能数据管理方面的解决方案，即电子邮件系统以及文件归档的解决方案；下一代终端客户的解决方案，即虚拟桌面的解决方案。

曾经，戴尔连续多年占据PC行业头把交椅，但此后，戴尔先后被惠普及宏碁超越。自2007年1月，戴尔创始人戴尔先生回归后，他并不急于重回PC老大的位置，反而把重心放在了开拓商业、行业市场，同时更加强了更有利可图的业务领域，如安全解决方案、服务和存储等。

四年多来，戴尔在企业、行业领域多年的深耕，有了成效。

2011年2月16日，戴尔公布了最新一期业绩报告，2011财年营收达615亿，涨幅16%，其中，企业解决方案与服务收入增长27%。迈克尔·戴尔介绍称，PC业务只占戴尔整体毛利率的1/3，戴尔要改善供应链，取消低利润率的产品和投资服务等增长的领域。他更表示，戴尔要利用这个健康和实力的优势更积极地加快转型为一个服务和解决方案公司。

同时，戴尔首席财务官莱恩·格莱登（Brian Gladden）也指出，戴尔上个季度甚至选择减少PC销售以保持利润率，戴尔正在考虑，如何从低利润率的PC转向其他领域。

此言一出，业界惊呼："戴尔不再是一家PC公司。"

转向IT服务，学习IBM？

尽管戴尔没有剥离PC业务的计划，但戴尔的业务重点其实已经很明确了。

戴尔大中华区总裁杨超说，过去两年多，公司已经历战略转型。目前公司2/3以上利润都来自非PC领域。2007年，当迈克尔·戴尔宣布DELL2.0战略后，公司业务向消费类笔记本业务倾斜。2008年后，戴尔面孔再变，开始强调IT服务。

"许多人看到戴尔广告就会想，'原来戴尔是一家消费类PC厂商'。这种看法其实与戴尔今天所从事的业务完全不一样。"迈克尔·戴尔说，"如果有什么事情发生了改变，那是因为我们理解了戴尔到底应该做什么。看看过去四年戴尔收购的公司，他们全部专注于新的领域，这些领域也正是我在谈论的：存储、服务、数据中心、安全、虚拟化、网络、软件和企业。"

戴尔在向IT服务转型过程中，采取了并购和自我发展两种模式。戴尔在过去18个月共花费50亿美元用于9起以上的并购，大部分并购公司都位于硅谷。其中，包括三家加州企业，分别是系统管理应用开发商Kace、存储优化技术提供商Ocarina Networks和数据中心软件开发商Scalent Systems。2010年11月，收购云计算服务公司Boomi；12月份，收购归档软件服务厂商InSiteOne。最近，戴尔又完成对信息安全服务厂商SecureWorks的收购。

今年2月22日，戴尔宣布将花费9.4亿美元收购数据中心解决方案提供商Compellent公司，对这次收购，如华尔街分析师雷格·理查德森所称，这是戴尔成为一家企业解决方案厂商过程中的里程碑。

除展开大举并购外，戴尔还加大了对IT服务的投入。4月7日，戴尔公共事业和大型企业事业部全球总裁Paul Bell说："戴尔将在2012年投入10亿美元用于转型，由PC制造向技术解决方案和服务领域转变。"戴尔将投入10亿美元用于打造新的解决方案，包括在多个国家内构建下一代数据中心及全球解决方案中心，包括在成都新建一个解决方案中心和数据中心。

当年，IBM壮士断腕，卖掉利润已经偏低的PC制造业，转向IT服务，彻底实现了自身的转型。但戴尔的今天似乎也并不是在走IBM的转型之路。

否则，戴尔为何拽着平板电脑、智能手机不放？甚至，因为戴尔重点放在了IT服务上，在Streak 5英寸平板电脑和智能手机产品上的推广力度不大，反而让人有了"坚守PC市场的戴尔已经老矣"之感。这也是戴尔转型中最让人迷惑之处。

❝ 一颗红心，两手准备

其实，杨超的说法能解开一点谜团。

"将来戴尔平板电脑在中国上市的时候，将会支持两个用户界面，满足广大企业用户对于商用的一些快速部署的需求。企业的员工可以有两种选择，在闲时选择全方位的消费体验，也可以在办公需求的时候，快速地进入企业的防火墙，享受到数据加密的保护等等。"

企业用户，这是戴尔平板电脑产品战略的一个关键词。

当下，平板电脑的主力市场仍是普通消费者，但方便、好用的平板电脑同样会在企业、行业中开辟市场空间。

有资深分析人士称，戴尔之所以仍在PC、平板市场坚持，是因为戴尔在IT服务领域，没有如IBM一样的优势，完全靠服务、软件就可维持公司的持续发展，戴尔仍需要提供IT服务时，打包进自己的PC硬件等产品，虽然PC利润已低，但这仍是一种发展模式。

"另一个原因，也是因为在IT服务领域，戴尔并没有如IBM一样的知名度，戴尔需要在PC终端继续发力，维持品牌知名度，以保证戴尔向IT服务领域的推进。"在分析人士看来，戴尔转型有着"一颗红心两手准备"的更深动因。

前不久，有媒体问迈克尔·戴尔，"科技行业最令你感到惊讶的变革是什么"，迈克尔·戴尔坦承说："我认为是平板电脑的快速崛起。我甚至完全没有预见到这款产品的出现。平板电脑其实并不是什么新鲜事物，从某种意义上讲，平板电脑概念已经存在了一段时间。很显然，最新的产品获得了更大的成功。"

2009年，上网本迅速蹿红时，戴尔及时跟进上网本市场，推出了多款上网本产品。但一年之后，上网本市场快速消退，用户的需求、消费者的口味已经转向平板电脑。

如此迅速变化的消费者市场，让已把重心转到企业市场的戴尔跟进起来力不从心。何况，大众消费产品市场整体利润已经偏薄，连平板电脑也不例外，远不如企业市场的利润之厚。

如此一来，戴尔对这一消费品市场仅限跟随策略，跟随当中也是以企业市场为主。但是，如平板电脑市场出人意料的兴起，谁又知道下一个热门消费电子产品是什么呢？

分析人士也称，跟随之中的戴尔也是有机会的，也可能在某款产品上与瞬息万变的消费品市场达成共振，从而在这一市场大显身手。

但这一点显然不是戴尔的核心战略，但IT市场的不确定性，不断发展中的大多电子消费品市场，让戴尔也不能把PC业务拱手让出。

戴尔的转型之路看似迷局，但背后的脉络其实一目了然。

> ## 戴尔大中华区总裁杨超：所有变化源于市场需求的改变

时代周报： 戴尔去年推出了戴尔Streak 5英寸平板电脑，也推出了智能手机，但推广力度并不大，这是为什么？

杨超： 戴尔这个月将在中国正式推出我们的5英寸平板电脑，它支持WiFi，同时也支持WAPI。晚些时候，我们会引入更多的平板电脑、智能终端，以满足最终消费者的需要，这跟我们公司的整体策略也是完全一致的。

将来我们在中国上市的时候，那款产品将会支持两个用户界面，满足广大企业用户对于商用的一些快速部署的需求。企业的员工可以有两种选择，在闲时选择全方位的消费体验，也可以在办公需求的时候，快速地进入企业的防火墙，享受到数据加密的保护等等。

时代周报： 在前不久的财报会议上，迈克尔·戴尔说，戴尔要改善供应链，取消低利润率的产品和投资服务等增长的领域，利用这个健康和实力的优势更积极地加快转型为一个服务和解决方案公司。这是基于戴尔的优势所做出的转型战略吗？

杨超： 戴尔所有的变化都是源于市场需求的变化，也反映我们股东对业务成长的期望。我们在这个市场上的特点，首先来自于行业经验；其次是我们多种渠道的沟通方式，我们更加了解我们的客户需要什么。

过去两年多，公司已经历战略转型。截至目前，公司2/3以上利润都来自非PC领域。2007年，当迈克尔·戴尔宣布DELL2.0战略后，公司业务向消费类笔记本业务倾斜。但在2008年后，戴尔面孔再变，开始强调起IT服务，上一财年，戴尔IT服务营收已达80亿美元。

时代周报： 在戴尔技术大会上，戴尔计划在2012财年投资10亿美元加强面向企业客户的数据存储产品，这笔投资将用于诸如云计算和虚拟化等技术的研究以及新数据中心的建设。戴尔这是怎样的转型方向？

杨超：我们为企业提供整体解决方案及服务。从去年我们公布的财报里可以看到，2/3的利润来自于商业设备，而且市场也正在往这个方向发展。戴尔在2012财年将会在解决方案投入10亿美元，同时在全球建立12个解决方案中心，其中有一个会在中国上海。另外还会在中国建立一个数据中心。

目前中国市场存储的需求是60%的增长，这就给我们带来了巨大的成长空间。戴尔的产品能满足不同客户群的需求。对小存储的需求，我们有PowerVault，再往上有EqualLogic，方便部署；还往上有Compellent。所以商用业务方面的发展也是给我们带来一个不可限量的增长机会。

时代周报：在云计算领域，戴尔一直在做，但外界了解不多。在云计算的布局上，戴尔是如何考虑的？

杨超：多年来，戴尔数据中心解决方案（DCS）团队已为多家世界最大的云服务提供商开发了多款定制化计算解决方案。通过与客户建立一对一的合作关系，戴尔已经深入了解到了客户对于超大规模云计算环境的独特需求。这些经验以及戴尔在供应链管理领域的出色表现能够帮助客户打造出极为高效的环境，帮助客户快速部署，降低总体拥有成本。

我们收购了佩罗和毕博，将技术架构、运营管理、服务等资源整合起来，我们可以在中国跟美国同步推出云计算迁移、评估、咨询管理的服务。

时代周报：戴尔亚太及日本地区总裁保罗·亨利·弗兰德透露，戴尔中国过去一个季度整体业绩同比增长21%，主要成长动力来自戴尔中国公共事业部，该部门业绩同比增长43%。中国公共事业部为何能有如此大幅度的增长？

杨超： 在商用客户的成长方面，我们拥有比较好的沟通渠道和经验。最近一系列公司的整合、收购，也在不断地强化我们的技术储备。最关键的是，我们现在拥有强大的解决方案，另外我们还有优秀的人才。我们目前在中国有多层次、多服务的体系支撑，加上上述的解决方案和团队，我们对中国业务的成长非常有信心。

时代周报： 你是第一位出任大中华区总裁的华人，这是否也是戴尔对中国市场的另一种重视？您上任不久，现在有何感受？

杨超： 中国业务是戴尔全球第二大市场，我们一直强调植根中国的发展策略。第一个是整合我们全球的资源怎么样让它们尽快落地，这是我们很大的压力；第二是怎么样把我们售后的服务也再上一个台阶，这是我们感觉到我们要在中国走得更远、更久，这是另外一个压力。挖掘人才、留住人才、培养人才是我们的第一要务，二是整合公司资源，三是服务网络的优化。我相信，这三块做好了，对我们未来在中国的发展会有很大帮助。

时代周报： 在中国市场，下一步有何具体发展策略？重点是哪些领域？

杨超： 成都的策略反映了戴尔植根中国的整体策略，新的戴尔运营基地还将促进成都其他制造业的发展，帮助该地区打造更加完善的供应链及物流体系，为中国政府的"西部大开发"政策做出贡献。

我们去年把中小企业事业部和消费事业部整合在一起，产品提供更多样性。同时我们的网络更加优化，不只体现在一至三级城市，四至六级也进展得非常快，目前六级城市可以保证85%以上的覆盖，五级城市100%覆盖，服务网络也从一年以前的600家增加到1000家，今年会再达到两倍。同时我们今年会开设超过一千家商用体验店。

（原文刊发于《时代周报》2011年5月2日第127期）

争夺iPhone

王　刚

> 　　临近岁末，三大运营商"iPhone"之战愈演愈烈。中联通凭借iPhone在2010年发起3G反击战，"策反"移动高端用户；中电信在引进Droid X的同时将引进C版iPhone；无奈的中移动被迫剪卡、开卖iPhone4并提前部署4G网络……在争夺"iPhone"的背后，三大运营商正在重新洗牌。

iPhone还是联通的么？

　　运营商数据显示，中移动3G用户为1883.5万户，中联通3G用户为1277.6万户，中电信未透露3G用户数，据工信部数据，中电信3G用户超过1000万户。

　　三大运营商3G用户数量差距仅在百万级别，"大家基本处于同一起跑线上，今年在用户和终端方面的竞争将会更加激烈。"运营商人士表示。

　　凭借iPhone4、乐Phone等明星机的带动，联通3G出现跨越式增长，其ARPU（每用户平均收入）值远超其他运营商。

但面对移动和电信的"围攻",联通押宝iPhone4可能会适得其反。

按苹果和联通的协议,"联通是苹果授权在内地唯一可经营iPhone4的运营商",但"苹果只想多卖手机,不仅和移动、电信关系'暧昧',且不断'远离'联通,在华大力自建渠道"。上述运营商人士表示。

苹果计划2012年内在中国内地开设25家旗舰店,"承包"所有软硬件服务。在联通实施机卡绑定新政两周后,苹果加方正世纪、长虹佳华和佳杰3家公司成为中国iPhone4分销商。苹果似与联通渐行渐远。

"iPhone只是敲门砖,而目前不再是市场培育期,用户选择终端和服务的要求更高,联通要实现今年新增5000万3G用户的目标就必须使终端多样化,高中低端都得覆盖,还须调整资费体系。"电信业资深分析师付亮认为,联通iPhone4对用户的吸引并不是很明显。

数据显示,联通3G每月净增用户数过去6个月一直徘徊在90万-100万之间,远低于之前所预期的150万-200万的水平。

除了外部因素,联通自身也面临着用户突破了千万,但并不能给中国

乔布斯

联通带来可观的收入、陷入了规模与利润二选一的两难局面。联通2010年上半年财报显示，利润24.5亿元，同比下降62.3％。3G业务收入尚不能弥补3G网络运维、资产折旧和营销成本及固话业务下滑等因素的影响。

"iPhone可以提高运营商的市场份额等指标，但由于要向用户提供较大的补贴，运营商可能要为这样的业务增长付出牺牲利润率的代价，iPhone4就是典型。"运营商人士表示。

中电信的机会

1月12日凌晨，苹果公司宣布将联合Verizon正式发布CDMA版的iPhone。

乔布斯的"接班人"蒂姆·库克表示，苹果与Verizon之间的协议并非独家。于是，不由让人联想到中电信总经理王晓初在去年8月举行的业绩发布会上的话："如果iPhone有CDMA制式手机，我们也希望合作。"但中国电信官方对《时代周报》表示暂时没有相关信息发布。

中国电信北京研究院相关人士对《时代周报》表示，"电信引进iPhone基本上已经是板上钉钉的事了，苹果下决心推出CDMA版iPhone就是要权衡各家运营商，而中国电信CDMA用户已经超过8800万户，且增速不减，这给了苹果很大的信心"。

有消息称，最快今年6月底CDMA版iPhone4就可引入内地。但也有业内人士认为，电信可能跳过iPhone4，直接引入iPhone5，以期有更大的冲击力，"电信目前把摩托罗拉Droid X作为主推产品，Droid X在美国的销售基本上与iPhone4打个平手，所以中国电信并不会贸然更换主打产品"。

1月18日，摩托罗拉与广东电信在广州举行了Droid X ME811发布会，据广东电信市场部人士向《时代周报》记者透露，目前Droid X ME811已成为近期主推机型，目前广东电信已接受了近1.5万部预订。对于CDMA版的iPhone，该人士透露，此项目是电信集团在运作，最新消息是争取1季度引进。

事实上，中国电信如能获得iPhone，在终端方面就能与联通抗衡，对此，有联通人士对此反问："我想知道电信打算如何来卖iPhone呢？"

此外，还有运营商人士告诉《时代周报》记者，联通由于太过注重iPhone的作用，对其他手机厂商有些"冷落"，如果国内其他运营商同样拿下iPhone，将给联通带来麻烦。

易观国际认为，电信的3G网络资费最具优势，覆盖范围也较广。CDMA版iPhone上市后肯定会有用户买账。

对此，付亮认为，CDMA系列终端更多地采取跟运营商合作捆绑销售的模式，而裸机直接进中国可能性价比不会很高，C版iPhone4取消了SIM卡插槽，改为机卡一体的"烧号"模式。国内用户使用水货C版iPhone4需要克服一些技术难点。"另外两个障碍是要支持WAPI（中国无线局域网安全强制性标准）和经过国内行政部门检测。"付亮说。

据记者了解，淘宝网上已开始预定C版iPhone，浙江电信已公开宣布将提供烧号服务。

中移动的无奈

为了遏制iPhone4"火热"导致高端用户流失，中移动不惜被扣上"不规范竞争"的帽子。联通在内地正式发售iPhone4仅4天后，中移动就已向用户提供免费剪卡业务，各地移动营业厅中还出现了"iPhone客户服务专席"、在官方网站中也加入了iPhone专区，部分移动营业厅向用户推出话费补贴的iPhone合约购机。

这让联通非常"恼火"，宣布自去年12月1日开始，用户新购买的合约机不能机卡分离。

双方争夺iPhone的白热化甚至"惊动"了工信部，但"争执"还在继续。

继济南移动被指出售苹果水货手机、成都移动高调叫卖iPhone4后，有知情人士透露，中移动将在山东、四川、陕西、山西、河南5省销售iPhone4，进货来源是苹果代理商和直销商。甚至有自称是广东移动的员工爆料，中移动将引进苹果iPhone5。

"这些问题过于敏感，我们不予回复。"中移动官方对《时代周报》表示。

一位运营商内部人士对记者表示："运营TD-SCDMA只有中移动一家运营商，苹果公司不可能针对TD-SCDMA制式开发一款iPhone手机。为摆脱3G时代竞争不利的局面，中移动正加快抢占4G战略高地。"

付亮认为，TD-SCDMA产业化起点落后10年，要缩短跟成熟的联通WCDMA和电信CDMA2000的差距基本不可能，"移动的LET产业链会比TD-SCDMA好得多，全球主流设备商和部分终端商明确表示支持LET，中移动引进LET版iPhone具备条件"。

这也就不难理解，为何中移动董事长王建宙在日前表示"TD-LTE将提前实施"。

全球移动设备供应商协会（GSA）近日宣称，目前已有70个国家和地区的180家电信运营商正部署、测试或评估LTE。中移动也明显加快了布局。工信部已经批复同意TD-LTE规模试验总体方案，将在上海、杭州、南京、广州、深圳、厦门等6个城市组织开展TD-LTE规模技术试验。据了解，中国移动计划在2011年使得TD-LTE将在技术上达到商用水平。王建宙表示，有必要在全球范围内推广和使用TD-LTE。

另一场"iPhone"之战可能接着在4G时代打响。

（原文刊发于《时代周报》2011年1月24日第114期）

那个种苹果的人走了

李瀛寰

> 莎士比亚的悲剧之所以能够感动世人，来源于作品中人物往往带着理想与现实的巨大差距。乔布斯开创了一个新的时代，然而新时代刚刚开始，他便离去，留下了苹果这个庞然大物。库克与乔布斯，如果要让外界评价，无疑是乔布斯更加适合，因为他能够承载更多人的期望。而现实是，乔布斯的离去，谁来替人们造梦？

他是一个纯粹的商人，因为他对慈善并不感兴趣，他也是一位艺术家，因为他推出的产品超越了传统消费电子的范畴。

但是，健康问题阻碍了这位天才前进的脚步，终于，乔布斯选择了离职，将CEO的权杖交给另外一个人，这个人就是库克。苹果逐渐开始远离乔布斯的光环，苹果还能改变世界吗？苹果还会是那个苹果吗？

尽管今年以来乔布斯一直请病假，尽管人们早就知道，后乔布斯时代必将到来，但当这一天真的来临时，整个科技界仍如"地震"一般。

8月25日，苹果公司宣布，乔布斯已经辞去首席执行官职位，董事任命原首席运营官蒂姆·库克为公司的新任首席执行官，乔布斯已经当选为董事会主席，库克将加入董事会，决定立即生效。

乔布斯离职的主因，还是其健康状况不佳。从2004年乔布斯被诊断出患有胰腺癌，到2009年进行肝脏移植手术，某种意义上，消费电子产品历史上的划时代之作——iPhone、iPad，都是在一个重病之人的率领下诞生的，而这些革命性的产品已经重新书写了科技文明。

一边与病魔斗争，一边改变世界，乔布斯的天才无可复制，属于乔布斯的传奇正在远去，苹果开始进入库克时代。

为库克时代布局

真正了解乔布斯的人，会受不了他。多本乔布斯的传记及文章，都称乔布斯为"这个偏执狂、爱出风头的人、他人成果的掠夺者、素食者、佛教徒、帝王、品位大师、演说家，不但铸就了人生巅峰，而且在4个完全不同的领域计算机、电影、音乐和移动通信，一次次引领潮流"。

乔布斯

乔布斯绝非完人，他的独特的私生子经历、早年吸食大麻、去印度游历的过去，与众不同的思考方式，都让乔布斯有了"不可复制"的历程，加之他性格上的因素，乔布斯比我们所熟知的大多数人，有着更多的怪癖、毛病和小心眼。

乔布斯被人打上过无数个标签，但细究起来，解读乔布斯其实有三个关键词：艺术家、人性和商人。

乔布斯改变了世人对电子消费产品的观念，而这背后，正是他的"瞧不起"。乔布斯瞧不起大众品位，他沉迷于用他自己的品位，提升、改造大众品位。他从投身技术产业的第一天起，就把技术与美学的结合，当成了最重要的事。计算机不该是大众认为的那个样子，手机也不该是大众认为的那个样子。

"人们关注苹果就是关注它的创新能力，这是苹果与其他品牌不一样的地方。"互联网资深分析师洪波是苹果的用户，对苹果文化有很深的了解。在洪波看来，人们喜欢苹果的创新，但对苹果的创新也有"过度的期待"。

今年3月，乔布斯尽管仍在病中，但抱病发布了iPad2。与乔布斯在台上调侃对手时的"凶猛"相比，iPad2却没想象中那么凶猛。这场发布会用毫无悬念来形容，也不为过。但毫无悬念的iPad2，却恰恰是乔布斯的算计。

iPad2是变轻变薄了，功能强大数倍，但这次升级并没有太大的突破。喜欢iPad的人会继续追iPad2，没用iPad的人，依然不会动心。因为苹果iPad仍站在平板电脑的巅峰，在这个由iPad开创的平板市场里，对手们都还在追赶。

当对手贴近了，老乔就往前走一步，老乔也在逗着对手玩。其实，乔布斯手里还有很多牌，平板电脑的通话功能也好，更轻更薄更小尺寸，苹果都能做到，但iPad3何时发布，突破到什么地步，就看对手走到哪里了，用户需求进展到哪里了。

如同这次乔布斯因病之名而辞职，人们所引发的疑问："为何选在此刻辞职？乔布斯的病情到底如何了？"

苹果方面拒绝透露乔布斯的病情，人们无从得知，但从客观效果上来看，十天前谷歌收购摩托罗拉所引发的关注效应已经全然扭转到苹果身上，有关"后乔布斯时代"的议论响彻全球。与此同时，一个月后iPhone5即将发布的消息更加吸引人们的视线。

健康状况堪忧的乔布斯总有一天是要离职的，那么他为何选择这个时间点呢？有国外分析师认为，这可能是因为，现在恰好是苹果公司过渡的最佳时期。虽然苹果有段时间没有发布任何重要的产品了。而且一个月前，苹果的单季度收入却创下了新高，苹果还在前不久荣登了全球最有价值的公司排行榜首位，这足以证明苹果公司的强大，它应该尝试离开乔布斯发展，并繁荣下去。

一个月后，美国三大运营商就该集体发布iPhone5了。此刻的苹果，其实处于两大历史性时刻之间。业内人士认为，如果苹果公司不脱离乔布斯，人们会认为iPhone5的成功也是乔布斯一手打造的。

在这一个月时间里，业界的视线会转移到库克身上，对库克而言，可以好好打一场战役，力求脱离乔布斯的羽翼。虽然乔布斯当下仍是苹果的董事长，但此举无疑可以让库克"统领"iPhone5，让所有人知道，苹果在库克的领导下也可以平稳发展。

乔布斯选择在此刻辞职，其实正是为苹果的未来布局。更何况，也能转移业界对谷歌收购摩托罗拉一事的焦点，而谷歌其实正是苹果未来最大的对手。

没有了乔布斯的苹果

2006年秋天的一个早上，乔布斯正在为200多个研发iPhone的工程师分配工作任务。在公司的会议室里，乔布斯盯着眼前的这部iPhone原型机，问题很多，根本无法使用。快结束样机Demo会议的时候，乔布斯平静地看着会议室里的一群人，缓缓地说："如果这个东西还不行，那么我拿什么去卖？"

对参加这次会议的资深工程人员和主管们来讲，乔布斯在会上"骂爹骂娘"大发脾气很正常，反而乔布斯平静的语调使与会人员感觉毛骨悚然。

总会有人说，团队的功劳不能全部记到一个人头上。没错，苹果有全球最杰出的工程团队、设计团队、软件团队，以及JonathanIve这样的设计天才、TimCook这样的经营人才，但是一群天才组成的团队，未必能造出天才的产品。如同洪波所言，也如同2006年这次iPhone会议所传递出来的信息，苹果的灵魂，就是乔布斯。

"有了天才的产品也未必能改变世界商业和消费文化的进程。一家没有任何短板的公司，并不等于一家卓越的公司。"洪波认为，"乔布斯是个异类，异类领导的企业，不能用常规的眼光去看待，也不能用常规的方法去分析。尽管大家都很关注苹果公司接班人的问题，但有一点是注定的，没有人能够代替乔布斯。"

乔布斯自己也回忆道："当我为是否回到苹果试图做决定的时候，我内心在斗争。我和许多人交谈，得到了许多意见。"某个深夜，为这个问题而犹豫不决的乔布斯，在早上2点给一个朋友打了电话。乔说："我该回去，还是不应该？"那个朋友回答说："听着，史蒂夫，我TM的一点也不关心苹果。做个决定吧。"

"这个时候，我意识到我真的在乎苹果。"乔布斯对苹果的热爱，创始苹果的热情，这一切是尽管已有13年苹果经历的外来者库克能拥有的吗？创业时的激情、创业时的艰辛与汗水，唯有亲历者才能体会。

虽然已有库克接任乔布斯的工作，但对于苹果的未来，更多人则表示了不确定性。不同于其他大公司，换帅、换人只会引发短期波动，对苹果来说，乔布斯就等同于苹果公司以及一系列用户至爱的产品。

乔布斯已经成为苹果的符号，苹果产品的简洁设计、极端人性化的用户体验，都来自乔布斯的执著，这已经是业界共识。但这一点共识，却恰恰是最致命的。

"这是乔布斯对于苹果的意义，而这一点，已被符号化了。苹果有很多非常聪明的工程师，很多产品都是由工程师创意并提出的。但作为符号化的人物，乔布斯承载了外界过多的期望。"洪波这样说道。

虽然乔布斯在辞职前已经有了布局，库克也是投资人一致认可的人选，iPhone、iPad的产品规划早已完成，只须按部就班，但影响苹果更大的确定因素是来自外部。

当下，已经不是手机厂商"被iPhone打得昏头而无法反应"的2009年了，众多手机厂商借助自己多年的积累开始反击，谷歌开始布局、做大。最重要的是，乔布斯的离去，不是苹果公司本身的变化，而是一个梦想的远去。

乔布斯的意义其实早已脱离了苹果公司本身，那是一个时代的象征，是一个梦想的体现。

库克可以帮助苹果维持经营，但他不是个可以带给我们梦想的人，苹果也不可能再有一个这样的人。"我们必须接受一家可能经营不错，但不再创造梦想的正常的商业公司。"洪波如此说道。

不论有没有乔布斯，苹果或许都可以创新。但是能带给我们梦想的人离去了，这才是关键。

可以试想在未来的移动互联网时代，谁能给我们梦想？苹果的库克可以吗？谷歌的佩奇可以吗？

乔布斯离去，留下的不是市场空间，而是一个梦想空间。

（原文刊发于《时代周报》2011年9月5日第145期）

第四章

伊卡洛斯

在古希腊神话里面，伊卡洛斯因为飞得太高，造的翅膀被太阳融化，最终跌落水中。但现实是谁都没有办法一帆风顺，哪怕是传奇的乔布斯。

这个创新层出不穷的时代，创业公司与成熟公司、传统行业公司与新兴行业公司、中小企业与大型企业需要利用的商业模式都是截然不同的，但最关键的还是要设计出适合自己企业的商业模式。正确而适宜的商业模式让企业得以快速发展，相反则会适得其反。当然，商业模式与企业价值观、长期战略等有着紧密的关联，而一些大型企业往往并不愿意承认自己的短期失败，这时，反思与改进显得尤为可贵。

正是在媒体呼吁、企业自省、政府引导以及外界提醒之下，很多公司不断修正自身的发展路线，从而成长为令人尊敬的企业。如何吸纳与听取苦口良药般的意见，如何在正确的时机反思自身并做出调整，这可能是一个长期的话题。

倪光南："联想不该是今天的联想"

李瀛寰

> 2018年4月，因为中兴遭受美国制裁和当年助手的一篇微信文章，79岁的中国工程院院士倪光南被推上了各家媒体的新闻头条。他多年来为国产芯片和操作系统付出的努力，再一次被人们记起。
>
> 而1994年，联想公司的两大核心人物柳传志和倪光南产生了严重的分歧，总工程师倪光南主张走技术路线，选择芯片为主攻方向；而总裁柳传志主张发挥中国制造的成本优势，加大自主品牌产品的打造。柳倪之争后来被认为是代表了中国企业"贸工技"和"技工贸"两条路线的争斗。

中国科学院计算所大楼的九层，倪光南办公室。

倪光南，首批中国工程院院士、全国政协委员、中国中文信息学会理事长、中国软件联盟副理事长、中科院计算所研究员。

刚过完70岁生日不久的倪光南仍然精神矍铄，"先拍照吧，今天是周日"。但面对《时代周报》摄影师的镜头，老人家有点手足无措，不知该怎么摆姿势。

"我们想要您另一种表情，如严肃、严厉之类的"，尽管努力配合，但镜头里的倪光南还是一副笑脸。这之后的两个多小时也证明，就算倪光南说着"最气愤的话"，还是会先笑笑。

在柳传志与倪光南之间的联想"柳倪之争"喧嚣沉寂数年后，当倪光南最爱的德沃夏克《自新大陆》旋律响起，究竟有没有虚度年华？有没有蹉跎岁月？往事如风一般消散，却又如影随形。

海归首下海

1939年8月初，倪光南出生于浙江宁波镇海（今宁波市镇海区）。据前不久出版的《倪光南传》一书介绍，这个小小的地区竟诞生了26位中国科学院、工程院院士。

"来，请参观最新的计算机汉字系统！"这是1985年5月8日，在北京第一届计算机博览会上的一个镜头，倪光南穿着一件胸口上印有"中国科学院"的工作服，向人们介绍着一个30厘米长、20厘米宽的灰色金属盒

倪光南（《时代周报》记者 郭杨 摄）

子——联想汉卡。

1984年10月，"中国科学院计算技术研究所新技术发展公司"在一间传达室里成立，这就是联想集团的前身。刚刚从加拿大回国的倪光南，接受了柳传志的邀请，"下海"了。

"下海"，这在当年，意味着"巨变"，尤其对倪光南这样传统的知识分子，这无疑是个挑战。倪光南日后回忆说："我也在想，一个科学家总是和商品市场见面，整天和用户打交道，这是不是不务正业？但我在加拿大的见闻提醒我，研究成果不应该躺在奖状上，它应该伴随工业的发展，为各行各业服务。"

这样的心态贯穿了倪光南的大半生。这之后，就是在联想的十年，作为联想的总工程师，倪光南和柳传志并肩闯出了一片天。回顾在联想的工作，倪光南表示，最重要的成绩是实现了科技产业化，大家将"联想"这个创意变成产品，再变为企业品牌，为高技术的"中国制造"走向世界尽了力，也奠定了基础。

率先向微软说"不"

1999年离开联想之后，倪光南把全部的精力投入到推广以Linux为代表的开源软件中。他主张发展国产CPU，主张推广采用国产CPU和Linux操作系统的网络计算机NC，主张要建立自主完整的软件产业体系，主张政府采购应倾向国产软件。

在倪光南看来，谁掌握软件产业平台，这是非常重要的，关系到整个产业的未来发展。过去20年中，文档格式的标准就是微软的文档标准，即微软的Office软件，由于占据了市场的垄断地位，消费者都在使用，所以就形成了一个事实标准。"这是一家公司独有的、不开放的系统，所有文档都要用它的软件才能打开，这个情况我们叫做'锁定'，这是一个很大的问题"。于是他率先在文档标准上要向微软说"不"，坚持反对微软垄断。

"我现在的人生目标是推动自主创新，从'中国制造'到'中国创造'。"他说。

倪光南认为，华为研发人员的"智力性价比"是欧洲同行的12倍，"这说明我国软件业是大有希望的"。

倪光南对古典音乐情有独钟，他最喜欢的是德沃夏克的《自新大陆》，"这么多年来，我一直没有忘记，每当听到这个旋律，我就会扪心自问，你有没有虚度年华？你有没有蹉跎岁月？"

今天的倪光南，呈现在《时代周报》记者眼中的，是一个负有责任感的知识分子、科学家的形象——严谨、求实，乐于为他人着想。在某些人眼中，倪光南甚至严谨到有些刻板、较真，但在倪光南看来，这是科学的态度，来不得半点马虎。

而这，正是倪光南安身立命之根本。

采访倪光南是在8月23日，这一天，距离1999年9月2日，倪光南被联想"扫地出门"差不多整整十年。这些年里，联想也在不断变化，包括最近的中科院挂牌卖联想股份一事。

十年前的"柳倪之争"人尽皆知。这十年中，也有多种版本的"柳倪故事"见诸媒体，或有更深细节在坊间流传。因为联想的知名度、当事双方多年的坚持，这件事已经成了中国IT业发展历史上最大的公案，时至今日仍然是个津津乐道的话题。

十年来，倪光南仍活跃在IT领域，公开言论很多，大多是围绕自主知识产权软件的发展。对联想，只有2004年联想收购IBM的PC业务时，他公开谈过一次，就事论事。

"我想澄清一些事实"

时代周报：十年是一个时间节点，这之前，想请你谈联想并不容易，那么，此刻能接受采访的原因是什么？

倪光南：有两个原因。一是中科院卖联想股份，这是一个很有意义的事件，在这一事件中，中科院下属国科控股（即拥有联想控股65%股权的股东）新闻发言人公开阐述中科院这么做的目的，这是给公众以知情权，这也是中科院的一大变化，从这些变化中，我感觉到了一些改变和机会。

二是前不久，柳传志在回忆过去时这么说："我当时带了11个人在中关村开创了联想。"联想成立于中科院计算所的两间小平房里，这已经是公认的事实。但这样的说法，是不是要切断与中科院计算所的联系呢？感兴趣的人也可去联想相关网站上看看，过去的真实在今天的联想中是如何呈现的，对这些说法，我有不同意见，所以，我想澄清事实。

时代周报：中科院挂牌出售联想股份，如何看待这一事件？

倪光南：我认为本质原因是中科院不看好联想，联想目前的状态并不好，这是需要思考的。这件事中，有一种说法："中科院，20万元投资收益61个亿"，我认为这是曲解历史。中科院包括计算所，这些年来为联想的投入，很多都是无形资产，这些怎么就不提了呢？当年我在计算所开发的后来称为联想汉卡的产品，这本来是计算所的知识产权，但无偿给了联想。之后，联想借助中科院计算所的背景进行贷款，在联想香港上市过程中的借力，这些也是不可抹杀的吧。

时代周报：中科院一直很支持联想的发展，联想今天某种程度上也成了中国高科技产业的一面旗帜，你是不是也有同样看法？

倪光南：我是看着并一块推动联想成长的人，我希望联想能更好地发展，但如果很多事实被扭曲的话，那我作为一个知识分子，看到的是事实，我是有话要说的。比如，这个新建的计算所大楼，这里方圆8公顷都是联想控股下属企业——融科智地的土地。而据我了解，这是国家划给计算所的科研用地，计算所为了支持联想，给了联想，这是中科院的决策。计算所所长李国杰，人们戏称他为"阿拉法特"——有主权，没土地。现在建的这个计算所大楼，应该是从融科中心借或租的土地。李国杰不方便讲，我替他说。

"联想有核心技术会不一样"

时代周报：过去曾有"贸工技"与"技工贸"的争执，现在，联想被人诟病的一个要素就是"缺少技术"。如何看待联想的核心技术发展？当年，好像您主导联想程控交换机的发展，这到底是怎么回事呢？

倪光南：某种程度上，联想已经成为"制造车间+营销公司"，我不愿意看到这样的事实。

1992年2月在联想一年一度的工作会议上，最热门的话题是"多种经营"。柳传志和李勤的"多种经营"是搞房地产，我认为"多种经营"是扩展PC相关业务，充分发挥联想在PC技术方面的优势，扩展相关业务。当时还没有现在已经非常时髦的3C（计算机、通信、消费电子的融合）这种概念，但我认为，计算机与通信的结合是发展趋势。这种情况下，我主导开发了程控交换机。

后来，联想的官方说法是，联想在程控交换机上损失了1000多万。但真实情况是，1994年元旦凌晨，第一台联想程控交换机LEX5000在河北廊坊顺利割接，替换了旧式的程控交换机，获得开局成功。这第一台程控交换机卖了100多万，把开发投入的费用都挣回来了。

包括后来联想进军互联网领域所做的FM365，2003年关闭。如果坚持了下来，在门户网站中，联想就会与新浪、网易站在一起。如果联想有自己的核心技术，今天也不会这样难。

❝ "希望联想能抓住机会"

时代周报：联想集团目前已经走向国际化，虽然发展并不顺利。联想控股已经发展成包括联想集团在内的五大集团，据柳传志讲，下一步，联想控股将拓展到房地产、金融等领域，对联想系的整体发展，有何看法？

倪光南：不在其位，不谋其政。本意上，我不便多说，但着眼于联想发展的角度上，我同意宏碁总裁施振荣的观点：尽管这两家公司已经是数年的对手，但其合作将是合乎逻辑的。就当前情况而言，联想在中国市场地位稳固，但在其他市场却十分低迷，而与此相反，宏碁在除中国以外的所有市场均表现优异。

这个想法其实与杨元庆也不谋而合，在《联想少帅杨元庆》一书中有记载，2006年10月13日，杨元庆在上海接受媒体采访时说："在欧美市场与宏碁结盟与戴尔、惠普抗衡，应该是在世界市场上打响中国品牌的一条好路子"。

今天的联想独立存在的空间已经不多了，联想控股更多是靠融科智地的土地来增值，这太危险了，希望联想能有所警醒。

时代周报：下一步，在推动中国IT业发展方面，你有什么建议？

倪光南：这些年里，我一直推动中国自有知识产权软件的发展。现在，我认为，上网本是中国PC制造企业的一个机会，可以通过上网本摆脱Wintel联盟，走出自己的路。

在上网本方面，我希望联想能抓住机会。

"我相信，我是正确的"

时代周报：柳传志在管理上的一些特点，其实并不独特，是中国文化中特有的，今天来看，你能否接受？十年之后，再次回首往事，有何感想？

倪光南：个人品性方面，我可以妥协，但在香港上市一事上，以我一个知识分子的良心，我无法不管。当时工作组进行了调查，给出了结论。但是，我相信，我是正确的，我手头有材料。上个世纪九十年代，对于上市这回事，大家都不明白，但现在，很多事情开始变得透明。

我这个人根本就不会吵架，过去与柳传志对峙中，我们从来没有当面锣对锣、鼓对鼓地吵过，都是隔空交火，结果就是我走。我最难的日子是1995—1996年期间，那时，我没有工作，被悬空了，但还在联想，无法干别的事情。1999年，把我扫地出门，对我反而是种解脱，我获得了新生。

（原文刊发于《时代周报》2009年8月31日第41期）

拯救摩托罗拉

李瀛寰

> 摩托罗拉曾经是上一个时代的领军企业，但移动互联网时代来得太快，摩托罗拉来不及跟上脚步，便被时代所甩在了后面。摩托罗拉被称为手机业的"黄埔军校"，几乎各家手机巨头的高管都出自摩托罗拉，然而这家公司已经被收购，如今边缘化了。

一次失误，也许就意味着一家企业的彻底倒下。

几次失误，还能屡屡生还创造奇迹的，这就是摩托罗拉。

2010年10月底，摩托罗拉公布了2010年第3季财报，手机业务营收达20亿美元，同比增长20%，盈利为300万美元。

这是摩托罗拉手机部门自2006年以来首次盈利，摩托罗拉从谷底回升，再次归来。

谁拯救了摩托罗拉？

2011年1月4日，摩托罗拉将拆分为两个公司，分别为负责智能手机和机顶盒业务的摩托罗拉移动公司，以及提供企业解决方案的摩托罗拉解决方案公司。这是预谋已久的分拆，摩托罗拉早想这样改头换面。

尽管复苏之路仍很漫长，但"我们早经历了困难，已经做好了转型，现在跑得更快"，2010年12月21日，面对《时代周报》的独家专访，摩托罗拉移动技术公司资深副总裁兼大中华区总裁孟樸如此说道。

押宝Android押对了

"摩托罗拉最多时有20多个平台，而当时诺基亚只有几个平台，成本也低。"在一位前摩托罗拉大中国区高管看来，此前的摩托罗拉犹豫不定，迷失了方向。

从2006年起，摩托罗拉手机业务开始一路下滑。所谓成也萧何，败也萧何，对摩托罗拉来说，刀锋V3就是这个"萧何"。当年V3的过度成功让摩托罗拉过上了"衣食无忧"的日子，"不仅没再进一步创新，而后更变得没有远见"。前摩托罗拉大中国区高管说道，"当新手机未能及时上市，竞争加剧时，摩托罗拉却试图用V3降价来赢得消费者，反而做坏了"。

在摩托罗拉已经不被所有人看好的时候，2008年底，来自高通的印度裔工程师桑杰·贾（Sanjay Jha）出任摩托罗拉联席CEO。

在桑杰·贾到来之后所做的大量改革中，最冒险就是押宝Android平台，而这也是让摩托罗拉起死回生的决断。

2008年10月，桑杰·贾正式向投资界宣布，摩托罗拉将只支持Android和Windows Phone操作系统。随后，当微软在推迟WP7的发布之后，桑杰·贾再次决定不再和微软合作，专注于Android平台。

当时，只有HTC是真正在做Android手机。据称，桑杰·贾在与Google负责Android的谷歌工程研发副总裁安迪·鲁宾见面时，并没有告诉他这一决定，"怕他吓坏了"。对摩托罗拉采取"先切止血"的桑杰·贾，其实有着特别强的管理魄力。

"大多公司都会做几个平台，但我们百分之百专注于Android平台，是业界唯一一家，这种投入和高度的认知，加上执行力，会使得我们在Android这个平台上做的产品，会早一步面世。"孟樸说道。

不可否认，押宝Android，摩托罗拉才有了今天的复苏。但其实，也有业界人士认为，当时摩托罗拉的坚定支持，也是Google能够继续Android平台的一大原因。

桑杰·贾到来8个月后，2009年11月7日，摩托罗拉的Droid手机产品在美国上市，这是摩托罗拉开始复兴的第一款产品。随后，摩托罗拉一系列Milestone（里程碑）产品相继问世，摩托罗拉走过了生死节点，就变得气势如虹。

2010年以来，摩托罗拉就发布了近20款新智能手机，已经成为Android阵营里的绝对主力。"在中国的Android市场中，摩托罗拉已经占有50%的市场。"孟樸说道。

气势如虹的还有Android平台，2010年，Android在全球智能手机市场的地位急速上升。电子产业研究机构DIGITIMES Research认为，2011年，Android将成为全球第一大智能手机平台，比原先的预期早了一年。据IDC的报告指出，2010年第3季度，Android手机约占西欧智能手机出货量的23%，仅次于诺基亚Symbian和苹果iPhone平台。

也有人认为摩托罗拉"把鸡蛋放进一个篮子里"，太过冒险。但业界资深人士、新岸线公司负责市场的杨宇欣则认为，Android平台正在上升阶段，摩托罗拉还可以继续专注于Android。而孟樸笑了笑，说道："摩托罗拉已经很能变通。"

"在资源有限的情况下，做减法往往比做加法更容易获得成功，专注才更有机会成为细分领域的领先者，才能在激烈的市场竞争中保持较强的竞争优势，这个方向没有错。"业界分析师王留生认为，当其他厂商都采用Android作为智能手机的平台后，摩托罗拉依然具有一些优势，比如用户市场中品牌影响力、先进的管理经验，完善的渠道布局、强大研发技术以及与google和运营商的良好合作基础，除此之外，还有众多的应用开发合作伙伴。

分拆是拯救还是放逐？

"他是实干出来的，能力加智慧走到了金字塔尖，他总是准备好了，能抓住机会。"谈到领导摩托罗拉走出困境的桑杰·贾，一位高通中国区员工如此说道。

如果说桑杰·贾拯救了摩托罗拉，也许有点过，但在这一次的脱险之中，桑杰·贾的确是关键人物。眼下，也正是他，继续带领摩托罗拉复兴。

历史上，摩托罗拉曾经多次落后于同行，当年从模拟向数字技术发展时，摩托罗拉落后了，但几年后就赶超了同行。摩托罗拉身上是否有"不死"基因？

王留生认为，摩托罗拉在技术研发方面在业内还是比较领先，而且也有一种奋发向上的企业文化，这些都成为摩托罗拉很难彻底倒下的原因，而且为摩托罗拉调整后的追赶奠定了良好的基础，一旦市场条件具备，也可以形成快速反弹。

"摩托罗拉的多元文化不可小看。"前摩托罗拉中国区高管这样认为。

摩托罗拉独有的企业文化对桑杰·贾有多大的吸引力不好说，但对桑杰·贾来说，当初能够来到摩托罗拉最直接的诱惑就是"成为一家上市公司的CEO"。两年之前，摩托罗拉手机业务深陷泥淖之际，摩托罗拉董事会就做出决断：分拆。

时至2011年1月4日，摩托罗拉终于拆分为两个公司，分别为负责智能手机和机顶盒业务的摩托罗拉移动公司，以及提供企业解决方案的摩托罗拉解决方案公司，分别成为独立公司。

在这场预谋已久的分拆中，摩托罗拉是想放手一搏。王留生认为，这种分拆使得管理更加扁平化，减少了管理层级，有利于提升运营效率，使相关决策更加迅捷，高效。

有着80年积淀的摩托罗拉，也同样有着"大企业病"，"在中国，甚至比国企还国企"，前摩托罗拉中国区高管如此说道。

然而，桑杰·贾还有更多的盘算，他曾表示，摩托罗拉分拆的时候，有可能会将手机和机顶盒业务部迁至加利福尼亚硅谷。桑杰·贾说："我们要到人才聚集的地方去，从目前的情况来看，那就是加利福尼亚。"

加利福尼亚硅谷正是软件开发人才最多的地方，也是手机开发者的圣地。摩托罗拉总部芝加哥虽有密歇根湖的怡人景色，但硅谷更有手机的人气。苹果、谷歌和Palm都将总部设在硅谷，诺基亚在硅谷建立了一个研究所，不远处的圣地亚哥还有高通的总部，中国的华为也在这里扎了根。

事实上，现在更小、更灵活的摩托罗拉可以更从容。

以用户为导向

在前摩托罗拉中国区高管看来，此前的摩托罗拉有着工程师文化，但也输在"以技术为导向"，"诺基亚一直以市场为导向"。但此刻，在《时代周报》记者采访孟樸的过程中，他说得最多的就是"以用户为导向"。

手机已经从高科技产品到快速消费品，如何捕捉消费人群，对这一点，今天的摩托罗拉已经有了清醒的认知。

但更大的挑战也同样来临。2010年8月，摩托罗拉以12亿美元价格将其无线网络设备业务卖给了诺基亚西门子通信公司，再加上分拆，此后摩托罗拉可以说，已经将品牌命运完全系于智能手机业务。

尽管摩托罗拉已经初步翻身，业务有所起色，但同样的，智能手机的竞争也更加激烈。摩托罗拉能笑到最后吗？有消息称，摩托罗拉曾表示，未来三年内，重回全球市场前三位置，可能实现吗？

"由于智能手机市场发展才刚刚进入预热爆发阶段，而且各类技术和制造工艺在不断地进行创新与变化，因此我认为摩托罗拉当前取得的成绩还不稳定，面临一些后续创新类Android手机终端厂商的市场分流风险。"王留生如此说道，但他也表示，摩托罗拉依然很有实力，但能否继续往前走，取决于摩托罗拉对产品生产、营销中的整个运营体系的变革是否彻底，能否真正建立以用户体验为核心与不同区域市场针对性较强的管理与营销方式。

与桑杰·贾一样，孟樸也来自高通，对通信行业的了解非同寻常，来到摩托罗拉的半年中，他已经从高通的B2B思维方式转换成了B2C的理念，以消费者，以用户为中心。

在孟樸看来，摩托罗拉在移动领域，其实有很深层的积累，硬件和软件的集成能力非常强，而且摩托罗拉的工业设计能力在业界很领先，"我觉得对很多市场，特别是在亚洲国家，消费者对各种各样这种工业设计、时尚元素的追求，超过北美的消费者"。孟樸话语间已经有了"把握消费者需求"之后的一些自信。

摩托罗拉复兴之路仍然面临众多挑战。与当年的V3相比，与如今的苹果iPhone相比，在今天摩托罗拉的众多智能手机产品中，有一款能深入人心的作品吗？"摩托罗拉现在需要的是能冲击市场的人，如当年索尼爱立信的古尼拉冲锋陷阵，一举奠定了T618的市场，打下了江山，"一位业界资深人士说道，"摩托罗拉还需要一点冲劲儿。"

在保留原有竞争优势的基础上审时度势，顺应潮流，积极变革，通过新技术、新模式与新平台，与现有资源的适当结合，至少，当下的摩托罗拉开始回归，重新激发了新的生命力。

"一味因循守旧迟早会被市场所抛弃。"王留生如此说道。摩托罗拉的回归之路对于正在困境中的诺基亚，是否有些警示呢？

对话摩托罗拉大中华区总裁孟樸

时代周报：2011年摩托罗拉打算怎样细分智能手机市场？

孟樸：在一个共有平台上做出差异化，这是我们一直在做的事情。第一，整个在手机行业，我们是唯一一家百分之百专注Android的，这使我们在Android这个平台上做的产品，会早一步面世。第二，摩托罗拉在移动方面有深层的积累，硬件和软件的集成能力非常强。第三，在工业设计能力上，摩托罗拉在业界很领先。因而在市场上摩托罗拉能做到差异化优势。

时代周报：现在是不是可以下一个结论，是不是摩托罗拉重新崛起了？

孟樸：我是这么看，其实摩托罗拉在过去几年变化非常大，从过去2006年的时候，全球业务下降，到2010年通过智能机投放，我们应该过了最困难的时期。这个时期对摩托罗拉来讲的话有非常重要的两点。一个就是公司在过去几年的路程里面，找到了一个重新崛起的领域，利用Android这个操作系统、操作平台，就是智能机这个市场。另一个，对摩托罗拉意义比较大的，就是我们比别的公司早经历这个困难，我们很早做了转型。所以你能看到我们在智能机的领域，比很多传统的手机公司跑得更快一点。这些奠定了我们真正能够重新崛起的基础。

时代周报：过去几年，摩托罗拉也有重新崛起的感觉，但又迅速陨落。现在崛起的基础，您觉得是否稳固？

孟樸：我觉得公司目前所做的很多事情，能够适应这种手机市场的快速变化，避免重蹈过去的一些失败，我们已经有了一个很好的基础。

未来摩托罗拉手机会更注重创新。自从桑杰·贾两年前担任手机部门掌门人以后，在公司战略决策和执行过程中，都有显著的提升。

时代周报：从您个人来看，现阶段Android，您觉得有什么还需要改善的地方？2011年，手机市场的潮流会发生大概什么样的变化？

孟樸：我觉得Android作为一个智能手机平台仍在不断进步。中国差不多8亿用户，相信三到五年内这些手机绝大多数会进化成智能手机，整个业界会全力推进智能手机的发展。

时代周报：摩托罗拉为了未来的整体移动互联和智能手机的版图，在目前投入了多少？在中国和全球在软件和硬件的研发上是什么状态？

孟樸：摩托罗拉的研发团队，是一个全球性的机构。所有研发人员是在一个全球的研发体系里面。在全球的智能手机研发过程中，包括像在美国最近上市非常好的Droid X，都有我们中国工程师在里面所作的贡献。今年夏天摩托罗拉新发布的"明系列"明智手机系列，都有很多中国工程师的工作。

（原文刊发于《时代周报》2011年1月3日第111期）

陈年："希望将来能把LV收购了"

李瀛寰

> 当所有人都奔着上市的时候，凡客诚品CEO陈年却在此刻有点异类："2011年，我们不急于上市，等我们做到了300亿再说，估计上市要到2012年下半年。"

如果说2009年是中国电子商务的拐点，2010年则是一个爆炸点。

"淘宝"两字已经可以用来区分人群或者断代了；B2C大火，凡客体流行一时；Groupon模式兴起，千家团购网站风起云涌。甚至，以下载业务为核心的迅雷也做起了电子商务。

2011年的电子商务，必定充满变数。上市了的当当网CEO李国庆依然在微博上发飙，阿里巴巴的卫哲已因欺诈一事辞职；iPad2上市了，京东商场高调为消费者补差价……竞争日益激烈，变化也在不知不觉中。

2011年的电子商务将是何面目？

B2C越来越主流

今年以来，电子商务中最热的要算团购了，"线上+线下""秒杀+团购"，很多人把团购称为富有弹性、富有创意的电子商务方式。

Groupon的迅速成功，让团购在国内有了众多追随者，短短一年间，千团上线，也影响了很多消费者。许多网购的年轻女孩已"不去淘宝，也不上卓越"，而是光顾各团购网站。

团购会不会冲击传统的B2C业务？对此，陈年一派淡然："B2C提倡的是服务和客户体验，B2C电子商务网站有一个完全的系统客服作为支持，团购不具备这些。"

在陈年看来，团购更多的是一种营销、搜集，搜集传统市场信息在网上售卖。"团购是对信息的售卖，而不是对服务的售卖。从价值上来说，那肯定是传统的B2C更有意思，而且亚马逊已在美国做了很好的证明。"

自从去年团购大热以来，每天都有几拨团购网站的人坐在凡客诚品的门口，希望拿到优惠、折扣。

"我坚信，千团大战也好，万团大战也好，或者最后变成十团竞争也好，对传统B2C的影响是微乎其微的。团购的竞争是很传统的。其实是传统销售人员的竞争，而不是互联网的竞争，我觉得他们非常辛苦。"陈年说。

沃克咨询顾问公司周先生也认为，团购是一种捆绑式聚集，以集体的名义讨价还价。"团购客观上弥补了传统商业模式上的弊端，真正使传统的'等客来店式'的销售模式发生了精确制导式的、寻找最终用户的变化。"但团购也会遇到传统模式中的瓶颈问题，如大多团购网站建站门槛低，大多数网站存在规模小、管理经验缺乏、没有配套的保障服务等问题。

随着3·15临近，腾讯网与中国消费者报推出的"3·15消费投诉官方微博"网购投诉专区中，有近千名网友投诉团购，包括网上欺诈、泄露客户信息、退换货麻烦、遭遇网络钓鱼、店大欺客、交易劫持、快递服务质量等问题，其中包括阿里巴巴、美团网、58同城等均遭消费者投诉。

2011年，喧嚣的躁动后，千团大战的团购网站必定会平静下来。

B2C将面临洗牌

去年底，当当网上市，为B2C电子商务带来一阵高潮。今年，B2C竞争更加激烈，前不久，国内创新型B2C网站她秀网推出了"免费购物节"。虽然，免费只是吸引客户、进行促销的手段，但市场竞争的残酷性已升级。

"B2C最后肯定是一家独大，要么京东把当当给干掉，要么当当把卓越给干掉。"陈年微笑着说。

"资本推动的B2C，有这样的趋势是必须的，两三家大型B2C网站都活得很和谐的局面不可能出现。"在陈年看来，B2C行业将面临血淋淋的竞争，最后会促成让用户一站式的在一个网站上完成多种商品的购物，比如像亚马逊的模式。

B2C网站在激烈竞争之下，业务形态越来越趋同。以卖书起家的当当网、卓越网，以3C产品开始的京东商城，都开始做起网上的百货超市，几乎一网打尽所有商品。

同质化之后，就是激烈的价格竞争。沃克咨询的周先生认为，2011年价格战依旧是B2C市场的常态，并通过各种促销手段吸引消费者。据艾瑞咨询数据称，中国B2C市场的平均毛利率仅为10%至15%左右，有些品类如图书、电子类产品的平价毛利率甚至低于5%。

2010年，已经有B2C电子商务网站倒闭，如千寻网。2011年，B2C的洗牌速度将会加剧。陈年认为，未来的B2C比拼的是服务，是满足用户体验。差异化的服务、产品将成为B2C竞争的新模式。

"最后胜出的肯定是动手最早的，"面对当下京东、当当、卓越日趋激烈的竞争，甚至微博上的吵架等事，陈年不忘调侃，他笑道："他们三个不怎么考虑用户的需求，他们三个就是打架，最后能活下来的就是用户选择的。"

凡客诚品不是传统B2C

凡客诚品也是B2C，但又不是传统意义上的B2C。凡客诚品自称竞争对手其实是H&M、优衣库、美特斯邦威。只不过，那些是更传统意义上的成衣制造业，而凡客诚品则是把品牌连锁店搬到了网上，在成衣制造与电子商务之间找到的新路。

所以，凡客诚品并不认为自己与当当、卓越、京东在一个圈子里，虽然经常被拿来与那三家B2C网站比较。"新电子商务模式是证明出来的，不是说出来的。当有一天，凡客诚品销售额过了200亿美金，才算是对电子商务新模式做了一点贡献。"陈年说。

面对上市，陈年很冷静："上市不是凡客目前的头等任务，做大规模才是凡客诚品目前最关注的。我们今年的目标是做到100亿销售额，如果实现的话，2012年肯定能过300亿，那时我们会考虑在2012年下半年或者2013年下半年上市。"

虽然凡客诚品目前仍没有盈利，但陈年认为，300亿元的销售额将使凡客诚品达到一个很好的盈利点。

"未来5年，凡客将在国内成为一个1000亿规模的公司，中国互联网企业一定会诞生千亿规模的公司，我们想清楚这点以后，就再也不会分散精力去想其他的地区了。"对千亿的目标，陈年很有信心，"卓越用了六年时间才实现过亿，凡客只用了一年"，更重要的是，目前凡客仍在获得风投的资金注入，四个月前凡客诚品刚完成了一轮融资，"超过1亿美金"。

谈到业界对凡客诚品的估值，陈年说，"我们上一轮的融资完成时，投资人对凡客的估值是15亿美元，最近一轮融资，估值约为50亿美元。"

陈年表示，融资之后，凡客的发展重点首先是产品线的丰富，第二位就是更好的服务。"凡客就是一个客户体验，大家从买一次到习惯了一年买四次，甚至有的用户月月买四次，这样的用户越来越多，就是因为你的客户体验。"

"凡客诚品占尽了互联网优势，没有空间限制。你很难想象一个传统品牌，这边摆着帆布鞋，这边摆着丝袜，这是两个冲突的风格。但在凡客诚品上这些都呈现了。我们卖了1亿件衣服，这是在中国没有发生过的事。"

电子商务与传统成衣品牌的结合，这是凡客诚品探索的电子商务新路，互联网给了陈年这个机会。

谈到未来的梦想，陈年笑着说："我希望我将来能够把LV收购了，然后就卖跟凡客诚品一样的价钱，我也希望把匡威收购了，帆布鞋就卖50块，这是我非常希望看到的结果。"

（原文刊发于《时代周报》2011年3月14日第120期）

王雪红："我从来不看公司市值"

李瀛寰

> HTC曾经一度是智能手机行业中的佼佼者，2011年，"台湾经营之神"王永庆之女、有着"铁娘子"之称的王雪红曾经带领HTC一跃成为领域霸主，这也是HTC最辉煌的时候。然而，接连的专利诉讼战让HTC疲于奔命，技术的薄弱让其吃尽了苦头。从此，HTC一蹶不振。

8月中旬，谷歌收购摩托罗拉之际，虽然HTC董事长王雪红对这一事件表现得极为淡定，盛赞谷歌的"意在专利"之举。但无疑，这件事还是深深触动了王雪红。

作为一家市值一度超过诺基亚的手机硬件制造企业，已经可以和苹果在专利上对抗，在手机生态圈里更是举足轻重的重量级角色，但HTC在操作系统上必须"受制于人"。

近日王雪红提到有关"收购移动操作系统"的言辞，就是开始了一场争夺话语权的战争。

❝ 操作系统的困境和博弈

9月13日，王雪红在接受采访时表示，HTC正在考虑收购一款移动操作系统。虽然王雪红并没有表示HTC将收购哪一家操作系统，但"在公司内部进行了讨论"。

除继续支持Android和Windows Phone系统之外，HTC在智能手机平台上准备另起炉灶之意已经非常明显。据业界分析人士认为，HTC考虑收购的，很有可能是惠普的webOS平台。

苹果iPhone的出现让智能手机时代提前到来，智能手机也给了HTC"弯道超速"的历史机遇。作为第一家推出Android智能手机、最早支持谷歌的厂商，HTC把握住了时机，不仅在智能手机市场的份额很大，

王雪红

而且市值一度超过诺基亚。

但这些只是在制造领域的胜利。出身于制造业，自己没有核心软件，HTC手里的牌并不多，所以，一直以来，任何能抓住的市场机会，HTC都会抓住，多方押宝的心态非常明显。

HTC支持多个操作系统，无论是Android、Windows Phone还是中移动的OPhone系统，HTC全都推出了基于这些操作系统的多款手机。

但也不可否认，Android在整个智能手机领域的一枝独秀，让HTC的成功不可避免地打上Android的血脉。不仅在Android阵营里，HTC的地位非同一般，相反，来自Android领域的一举一动，必然也会极大地触动HTC。

这也是8月15日谷歌宣布以125亿美元收购摩托罗拉之后，人们自然而然地把目光投向了HTC以及这位因在智能手机领域大获成功而跻身台湾首富的王雪红身上。

当佩奇宣布收购摩托罗拉之后，Android阵营会不会因此而分崩瓦解，HTC、三星等曾经坚定的Android追随者会不会离谷歌而去，这些才是这场交易中最大的悬念。

收购摩托罗拉，缓解专利危机，谋求Android产业链更长远的发展，这是必须的，但此举同时会伤害Android的合作伙伴，尤其是HTC和三星，不利于Android的未来，这一点，佩奇比所有人都明白。更考验佩奇智慧的是，收购之后怎么办？这也是最大的未知数。

"谷歌从来不是通过硬件挣钱。谷歌目前最大利益所在，是在未来的移动互联网上，谷歌的系统能占有多大的份额，能成就多大的产业链，这是谷歌的核心价值。"互联网资深分析人士洪波如此说。

其实谷歌与苹果的竞争是必然的，而且已经竞争激烈，但在竞争手段、目标上，两家有着不同的基因。

苹果通过卖出每一部硬件赚钱，并通过APP应用商店可以保护

iPhone、iPad，使其商业模式不容易被打破。

苹果已经被证明是非常成功的，那么下一步，谷歌要不要"苹果化"？谷歌要不要卖掉摩托罗拉？也许这正是佩奇此刻一边玩着Android手机，一边思考的问题。也许，佩奇正看着HTC和三星等合作伙伴的反应。

而谷歌收购摩托罗拉一事，是佩奇的一场博弈。在移动互联这条产业链上，谷歌收购摩托罗拉，带动的是整个行业的变化和变局，微软、诺基亚都在谋求更大的空间。而对HTC来说，任务更艰巨，因为HTC想要在这条产业链上拥有话语权。

❜❜ 争夺话语权

8月19日出现在北京的王雪红一身黑色套装，一头黑直长发和一如既往的爽朗笑声，神色轻松，看不出一丝一毫所谓的外界舆论的压力。

面对谷歌与摩托罗拉的联姻，王雪红的回答很正式和官方："这件事情对HTC来讲，中长期绝对是有意义的，因为Google是希望捍卫Android的客户。不过短期，HTC自己有很多专利，包括一些重要的专利。所以短期上，HTC在捍卫自己方面绰绰有余。"

但她同时也强调，HTC的产品优势在于差异化，也就是在不同的操作系统上进行二次开发，开发出独特的产品。"我们会继续支持Android。"但王雪红话锋一转，"对于HTC，是不是就靠着Android，我觉得不是。开始做智能手机的时候，HTC是跟微软合作。HTC是硬件和软件都相当有能力的公司，在掌握硬件和软件之间，尤其是像OS（操作系统），我们要发挥出自己的强势。"

态度温婉，但话语强势，到底是被《纽约时报》称为"全球科技界最有权势的女人"，不动声色之下，采访中，王雪红的话语里关于微软、Windows Phone等词汇开始增多。

"我们非常早跟微软的Windows CE一起合作，那个时候大家还不认识智能手机"，以及"我们一直都在做微软的系统，我们现在还是使用微软系统的第一名。"

不依赖Android，回顾和强调HTC与微软的合作，某种程度上这也是对谷歌的态度。20多天过后，9月13日，王雪红的论调再次升级，即考虑收购一款移动操作系统。

关于"微软"一词无形中的增加，就是王雪红的博弈。谷歌收购摩托罗拉一事，其实已经充分展现了HTC当下面临的最大挑战：如何拥有自己的"话语权"。

所以，王雪红在谈笑间，一面大加赞扬谷歌为了专利收购摩托罗拉之举，一面在话语间更多地开始强调微软、WP。

但有分析人士认为，"就算加强与微软的合作，一方面WP还不成气候，另一方面，WP不可能以HTC为中心，这个市场的主角一定是诺基亚，HTC仍无太多话语权。"

HTC给人们的印象只是一个制造公司，其实并不是没有道理。在移动互联产业链中，如果缺乏制衡别人的手段，那么只能去玩别人规定的游戏。此前的HTC，在玩别人设定的游戏角色。

但这样的事情不是发生在别家公司身上，而是"最像王永庆的女儿"王雪红领导下的HTC，那就有了不同的故事和味道。

"对乔布斯，我有不同看法。"王雪红对《时代周报》记者直言："HTC跟苹果就是不同的。我认为智能手机时代刚开始。乔布斯是认为一个产品可以满足所有的消费者，我们认为每一个消费者都应该被满足，所以这是不一样的。"

对苹果和乔布斯，王雪红话里藏针，其实挑战意味十足。

不仅是王雪红，整个HTC已经有很强的挑战苹果的勇气和信心，而且贯穿公司的整个管理团队。

如今年4月在HTC发布S710d的活动上，HTCCEO周永明就表示：HTC只把苹果作为竞争对手，苹果是HTC下一个超越目标。

要想超越，就得先了解对手，王雪红对苹果和乔布斯的另一面看法透着她对苹果的深刻理解："我觉得乔布斯绝对是一个创新的人，他绝对是有执行力的，这很重要；第二点，乔布斯一开始就觉得硬件和软件是一体的，从他的Mac开始，乔布斯认为软件和硬件就得结合；第三点，他觉得科技产品是lifestyle，是改变生活的，是文化。"

除了可能收购一款操作系统以争夺更多话语权外，正在试图进行第二次腾飞的HTC已经开始了更多的嬗变。

多项收购，全线出击

虽然与苹果的专利纠纷无形中也提高了HTC知名度，但也透露出HTC在通信专利领域的不成熟。

但今年7月，HTC以3亿美元的价格收购图形芯片厂商S3Graphics，同时获得S3Graphics拥有的235项专利。此前不久，美国国际贸易委员会裁决苹果公司侵犯了S3Graphics的两项专利。通过收购完善专利的HTC，让王雪红自信应对与苹果的诉讼，也能在未来的通信战争前显得游刃有余。

8月初，中国银联、方付通与HTC正式缔结战略联盟，就技术研发、应用推广、未来发展等方面进行深度合作，HTC即将推出的首款银联移动支付智能手机具备信用卡还款、缴费通等支付功能。HTC亚太及中国企业事业部负责人陈敬宏表示："HTC扮演的角色是邀请各个相关的合作伙伴进来，然后整合在一起，把方案呈现给消费者。"

移动支付领域，是当前移动互联网最热门的应用方向。更本质来看，HTC是希望在服务、在产业链上与业界深度合作，提早进行布局，从而拥有更多的话语权。未来的移动互联网是"软件+硬件+服务"的全方位竞争，而HTC其实就在向着这三个方向努力。

硬件制造的能力无须多言，这是HTC的根本。

在软件方面，如王雪红所说："我们不会只放在Android，我们的做法是，OS只是一个基本架构，然后在OS上表现出HTC的特点和差异化，这是最重要的，这需要比较深入的软件技能。"

在服务上，HTC除了与移动互联产业链上的多方合作外，还有更多的收购和更深远的考虑。今年初，HTC收购了TVB（香港电视广播有限公司）。不错，跨界运营并不容易，如王雪红所说："隔行如隔山。"但在HTC看来，TVB是非常好的公司，它的经营团队都非常正直，而且TVB的内容一直以来都相当好。

在王雪红的规划中，未来内容和高科技要进行结合。"新媒体的意思就是说，智能手机跟平板电脑或智能电视、汽车电脑等各种终端的结合，消费者要随时随地看到内容，怎么样把内容呈现在产品上这是重点。这是我们收购TVB的原因之一。"

移动互联网的未来仍有很多不确定性，整个行业正在发生巨大的嬗变，连谷歌都在思考着往前走，更何况制造业起家的HTC，成长的烦恼是必然的。但在王雪红的主导下，HTC的凶猛让业界无法忽视。

一个前所未有的产业剧变的时刻，对企业领导人而言，挑战的重点其实就是未来的方向。如何对前景做出更多的判断，如何把握企业未来的方向，没人能给出确切的答案。

在王雪红的领导下，HTC一边与整个业界博弈，一边让自己成为全能选手。

对话HTC董事长王雪红

时代周报：前段时间有一个重要的事件就是HTC的市值超过了诺基

亚，外界评论很多。你对这个事件怎么评价？这对HTC来说有里程碑的意义吗？

王雪红： 我从来不看市值，我也不太清楚。当然，有人跟我讲，我们超过诺基亚跟RIM。我觉得最重点的不是这个，重点是怎么保持新发展的企业在新发展的领域，智能手机和平板电脑怎么在移动互联网整个架构上保持领先。我觉得创新、执行力、人才是最重要的。怎么体贴消费者，怎么满足消费者，怎么了解消费者，我觉得是最重要的。

时代周报： 目前HTC的智能机还是以Android平台居多，除谷歌、微软外，未来有没有想过与其他操作平台合作，甚至自己去研发操作系统？

王雪红： 我们一直都在做微软的系统，我们现在大概还是使用微软系统的第一名。我们不会只放在Android，我们的做法是OS只是一个基本的架构，我怎么从OS上表现出我的特点和差异化，这是最重要的。这需要比较深入的软件技能。

时代周报： HTC是否想收购一家类似于Android这样的公司，或者是一个平台公司，你们有这样的考虑吗？

王雪红： 我们常常会有这样的想法在内部讨论，但我们不会有这样的冲动。原因是做技术要追根究底，看到源头。我们发现OS是很重要的，没错。但是，基本要的东西，我们手机公司都应该懂，不应该是不懂的。

我觉得智能手机不是那么容易做得好的原因，是我们要完全了解OS。可以说HTC的今天，我们要用哪家的OS，就用哪家的OS。但不管用哪家OS，都要做出自己不同的地方。可能在平台的第二层、第三层，我们建造的东西就不同了。

时代周报： 前不久，因为苹果和HTC专利诉讼的事情，包括你提到

Google的本意是在专利。其实通信行业的专利一直是大问题，通信行业的专利纠纷是不是会影响整个行业的发展，你对这个事情有怎样的看法？

王雪红：我觉得国际间的科技公司，尤其是中国的公司，应该更注重知识产权。我觉得尊重知识产权是一个创新科技公司的基本要素。所以，HTC非常尊重自主知识产权，我们有很多专利。

通信公司之间会有这样的专利纠纷，我觉得是难免的。因为这是行业的基础建设，经常会有专利是谁先发明的状况发生。跨国公司尤其是美国公司经常用专利作为压制对方或者挑战对手的手法。HTC其实有很多专利。虽然我们也是跨国公司，但我们根本上还是中国公司。中国人基本上不会用专利来兴起诉讼。但是，捍卫自己的权益，事实上是绰绰有余。

时代周报：HTC下一步是不是还有专利方面的计划？

王雪红：我们会一直收购不同的公司，不管在专利方面，还是在创新方面，尤其是移动互联网，事实上现在才刚开始，有很多新的技术。如何让消费者真正能够很快地体验到尖端的技术，以及享受到最好的技术，我相信收购是不能避免的过程。所以HTC不仅在专利方面，在新的技术方面，或在内容方面，都会进行很多不同的收购。

时代周报：HTC先从欧美市场做起，未来如何在大陆市场进行布局，如何进行渠道建设？

王雪红：HTC是中国的公司，我们刚开始是进入美国和欧洲的市场。我们觉得那边的市场比较困难，HTC想的是先去把国际的市场做好。但中国市场对HTC是非常重要的，我们第一先从品牌开始做起。第二步，就是让中国的消费者真正认识到HTC技术的创新。到今年年底，HTC就会开设2000多家的店中店，以及70多家的专卖店。第三步是跟运营商的合作，我们跟他们合作得非常密切，现在会更进一步拓展与运营商的定制手机，会做更多的事情。

时代周报：中国国内的市场变化很多，除了传统的手机厂商还有很多新兴的移动互联网公司也在做各式各样的手机，你对中国国内的竞争环境有什么看法？现在的竞争环境是不是比一年前，或者半年前更激烈一些？

王雪红：我觉得智能手机和移动互联网刚开始发展，这是非常值得兴奋的市场。尤其不管是从硬件、软件，不管是在医疗保健上，或者在教育上，或者在普通的消费群上，各式各样的层面都有。我觉得会有很多公司加入这个行列，我们也非常乐见有更多的消费者的需求被满足。对于HTC来讲，我觉得最重要的是如何让消费者真正认识我们，我们如何体贴消费者，真正了解消费者，如何满足消费者的需求，真正把创新执行好，这是最重要的。所以，对HTC来讲，我觉得我们的目标，从始至终都是一样的。

时代周报：最近国内有几家手机厂商打出了云手机的概念，你也提到了HTC在云端的设想和应用。对一些云手机的提法，你是怎么看的？下一步HTC是不是把更多的应用放在云端？

王雪红：云是一个非常好的概念，云事实上是很早就提出的。几乎现在所有的智能手机都是云概念，只是怎么样把云概念的管理做得更好、更有效率，把内容整理得更好、更符合智能手机或平板电脑的形式采用，或者是让智能电视来采用，比如说电影可以到智能电视，也可以到智能手机，只不过智能手机需要的内容短一点，智能电视要播放两三个小时，基本上就是怎么应用的问题。

（原文刊发于《时代周报》2011年9月15日第147期）

诺基亚手机"最后的亮相"

李瀛寰

> 微软收购诺基亚，这是诺基亚再涅槃的机会吗？无论如何，诺基亚命运就此改变。

"我很兴奋，未来我们会迎来一个更广大的市场。"诺基亚CEO埃洛普在10月22日于阿联酋首都阿布扎比举办的2013诺基亚世界大会期间，对《时代周报》记者这样表达了他面对微软72亿美元收购诺基亚手机部门一事的感受。

采访中，埃洛普明确表示，他即将从诺基亚离职，回到微软，担任微软硬件部门的最高管理者，全面掌管从手机、平板电脑到Xbox等全线硬件产品。

显然，由埃洛普主持的这次大会，既是微软收购诺基亚之后的首度公开活动，也是进入微软前，诺基亚手机作为独立品牌的最后亮相。

这是一个微妙的时刻，这是一个与诺基亚手机"告别"的时刻。当大会结束之际，大屏幕布上展示着诺基亚五彩斑斓的新产品时，埃洛普仰头观望的剪影既坚定又有些模糊，正如此刻的诺基亚，处在一个转折的关键点上。

埃洛普：诺基亚被收购是再涅槃

9月3日，微软以72亿美元收购诺基亚手机及服务部门一事，震惊了业界。面对诺基亚自2009年以来开始的业绩下滑、衰退以及与微软的独家合作，人们对于微软收购诺基亚一事并不感到吃惊，但吃惊的却是72亿美元的低价。

72亿美元能反映诺基亚手机部门的价值吗？面对《时代周报》记者的疑问，埃洛普回应说："价值不能只看收购金额，投资界对这一交易非常认可，诺基亚股票已经大幅回升。"据资料显示，收购之后，诺基亚股价已经从每股4美元左右一路回升到7美元之多，显示了资本对这一选择的看好。

"手机及服务部门只占诺基亚集团业务的一半左右，诺基亚剩下的网络设备、地图、投资等多项业务非常有前景。"在记者的不断追问下，埃洛普表示，微软收购一事，对诺基亚而言，是再一次涅槃。

"诺基亚在一个着火的平台上"，这是埃洛普2010年出任诺基亚CEO之后的第一句"名言"，为业界熟知。在埃洛普看来，面临苹果为代表的智能手机的冲击，没跟上步伐的诺基亚需要拯救，而这次微软的收购，就是拯救。未来，诺基亚手机业务进入微软，但诺基亚品牌还会存在，在埃洛普看来，诺基亚在网络设备、地图等领域实力很强，还会有更大的发展空间。

虽然面临着来自芬兰国民的质疑和业界的各种疑惑，但埃洛普显得信心十足而且意志坚定："芬兰人民对诺基亚手机有深厚的感情，非常可以理解，但理性来看，收购一事对诺基亚是非常重要的一步，是非常正确的选择。"

当问及诺基亚手机进入微软之后将如何发展时，埃洛普不愿透露更多，"这些仍在探讨、计划之中"，不过，可以明确的是埃洛普本人的变化。

埃洛普对《时代周报》记者表示，他即将从诺基亚离职，回到微软，担任微软硬件部门的最高管理者，掌管的产品线包括诺基亚的手机、平板电脑到微软的平板电脑Surface系列和Xbox等游戏类硬件产品。

诺基亚首款平板与微软竞争？

本月22日的诺基亚世界大会上，诺基亚一举推出六款新产品。其中，诺基亚史上第一款平板电脑的推出，引发了业界的极大关注。

从现场介绍来看，除了强大的硬件配置外，诺基亚Lumia 2520非常注重应用独特体验，包括与梦工场动画公司合作开发的诺基亚独享交互式游戏"冒险龙"。此外，Lumia 2520还有诺基亚影像日志应用，这是一款诺基亚自行开发的应用，消费者可以将图片和视频编辑成故事显示在地图上。

谈到平板电脑市场的竞争时，诺基亚全球营销副总裁Chris Weber表示，Lumia 2520有一系列的独特特色，比如支持4G、视频功能，他现场还演示了Lumia 2520预装的Mix Radio程序，这是独家的诺基亚音乐体验。

据称，Lumia 2520已经和美国运营商Verzion达成了合作，共同推向市场。过去大多是手机与运营商合作，但在平板电脑领域与运营商合作的方式非常少，这也是诺基亚平板电脑开拓市场之际的新尝试。某种意义上，诺基亚把Lumia 2520平板电脑当成一个大号的智能手机来推广。

不过，据《时代周报》记者现场体验来看，Lumia 2520与此前微软的Surface RT平板在风格上有些类似之处，再加上微软收购诺基亚之后，Lumia 2520平板电脑产品线也将进入微软，这势必与Surface RT形成竞争。

对此，Chris Weber表示，竞争肯定存在，但产品特色不同，Lumia 2520支持4G，这是与Surface RT完全不同的，"这两条产品线覆盖不同的市场，可以形成更大的产品优势"。

打造WP8生态圈

这次诺基亚大会还有两个亮点，一是Lumia 1520 6寸大屏手机，这是目前最大屏的WP手机，另一个则是全新Asha平台的首款3G设备Asha 503。

尽管Asha系列定位低端，不过诺基亚还是为这些手机带来了很多创新的体验。在采访中Chris Weber强调，Asha手机比低端Android手机更可靠。

埃洛普也表示，这次诺基亚手机大会之所以选择在阿联酋召开，主要就是面向亚洲以及周边市场，Asha手机正是主打这一市场的重要产品。

业界分析人士认为，诺基亚Asha系列手机以智能机的低价去打功能机市场，这一做法很有可能会获得不少的市场份额，如果做好这一市场，对诺基亚而言，仍有不小的发展空间。

在此次大会上，另外透露出来的核心信息就是诺基亚正以全新产品打造更强大的WP8生态圈。过去，较少的APP数量一直是WP8手机的一大障碍，但在阿布扎比Nokia World 2013大会上，人们终于看到了实质性的进展：Instagram的首席执行官Kevin Systrom证实，Instagram官方客户端将在"未来数周内"登陆Windows Phone 8系统。

对于WP阵营而言，Instagram登陆应用商店应该是一个里程碑式的事件，也可以看出，正是诺基亚在手机上的优良表现，才获得了Instagram对WP的认可。换言之，这正是微软与诺基亚一起努力的结果，也是微软一直把诺基亚"留在身边"的目的，做大WP操作系统，使其真正可以与苹果的iOS和安卓抗衡。

诺基亚最后的亮相，肩负着使命，这既是微软的机会，也是诺基亚的任务。但微软与诺基亚联手，能否真正成就WP阵营还是个未知数，但诺基亚手机的命运已经就此改写。

（原文刊发于《时代周报》2013年10月25日第256期）

钉钉陈航的自我迭代

陆一夫

> 钉钉从企业的通讯协同软件向平台的发展，也是创始人陈航的自我迭代，在阿里的支援下，钉钉正领跑行业。

人前人后，钉钉的创始人陈航喜欢穿着一身黑色，外界借此揣测他对于自己的形象有着细致的包装和设计。"哪有这么复杂？穿黑色让我看起来不那么胖。"陈航对《时代周报》记者笑言。

这个自嘲"创业对外貌有着巨大影响"的产品经理，时时刻刻将4300万中小企业的办公问题挂在嘴边。他一方面希望通过钉钉能将用户的工作和生活分开，另一方面却自觉把生活当作工作，每天的工作时间超过18小时，而且这一作息已持续多年。

在陈航本人的自述中，他和钉钉的故事，也并没有外界所想的那么复杂。陈航甚至坦然称，钉钉的成功可以归结为"狗屎运"。

"在做来往碰到阻力的时候，我们选择绕行的路线正好是风口之一。"陈航回忆道。但事实上，钉钉后来的发展远不能用"运气"来形容。在今年春季战略发布会结束一周后，钉钉的企业用户数悄然从150万跃升至160万——高速增长的用户数量将是陈航未来数年内最大的护城河。

但在钉钉团队的眼中，中国仍然有4300家中小企业没有进入云和移动的时代——这好比是一块盐碱地，"没有人关心他们到底应该怎么样工作沟通协同"。

毫无疑问，在企业级服务市场里，钉钉的竞争对手众多，但钉钉已经处于领先位置——其最强对手企业微信仍处于最初级的阶段。

康帕斯科技有限公司创始人史楠是钉钉首个企业使用者，他向《时代周报》记者表示，目前企业微信的水平大概只是钉钉两年前的版本，想要吸引企业用户转移到企业微信上，至少先要让其站到与钉钉同一起跑线上。

在钉钉创始团队正式组建两周年前夕，陈航接受了《时代周报》记者的专访。他坦言接受采访是一种妥协，"相比接受采访，我更想去做产品，更想做到极致。"陈航说道。

❝ 走到舞台中央

如果对陈航近20年时间的职业生涯进行划分，他的四个人生转折点均与阿里有着千丝万缕的关系。

第一个转折点是大学毕业时，不到22岁的陈航接受了来自日本的offer，离开了阿里的前身伟业公司。追溯到当年阿里18位合伙人的创业期间，陈航就是该时期的实习生，虽然在校时期没有好好读书，但陈航认为实习期间学会了编程令其受益匪浅，"每天晚上一直加班到11点，而且一周无休"。

在长达11年的留日期间，陈航在各个大型企业里负责做各种各样的内部系统，其中不乏世界500强企业甚至是美国的军工承包商。直至他意识到希望自己的产品有更大的用户规模，可以影响更多人的时候，他迎来第二个转折，2009年他决定回杭州，回到自己人生起步的地方——阿里。

彼时的阿里刚刚成立十周年，这一年马云明确了集团未来的发展方向，把云计算放在了极为重要的位置上。如今看来，阿里在企业级服务上的深耕赢得了巨额的回报，阿里云在第四季度带来了10.7亿美元营收，连续第4个季度保持超过100%的营收增长，同时跻身全球云计算第一阵营。

陈航归来后的第一个工作是构建淘宝搜索业务，随后又被派往研发一淘网，这两个产品算不上很成功，但紧接着"来往"的研发才是真的考验。众所周知，当年微信的横空出世让阿里、百度等互联网公司陷入巨大的焦虑，有关移动互联网的"船票论"甚嚣尘上，尤其是微信红包一役对马云产生了极大的震动，争夺移动入口成为近年来互联网公司竞争的最重要议题。

陈航就是在这样的背景下承担起研发"来往"的重任，而最终"来往"也并未制造奇迹，微信彻底统治了移动通讯领域。"来往"之败，成为陈航的第三个转折点。

"对于大公司来说，如果认定一个方向，并且能够保证持续的投入，团队的成员能够持续坚持，不断吸收经验，产品总会站起来的。'来往'就是这个道理，这个方向是对的，我们这帮人水平不够，打一仗打死了没死透活过来了，以后就大概知道怎么办，再继续打。"陈航表示。而据陈航回忆，马云对于"来往"团队当时仍是鼓励为主，马云认为，"坚持下来找对方向，能够成功活下来，做出产品，这是公司最宝贵的财富"。

后来陈航回忆起那段日子，他感觉在产品的研发和运营里，团队比其他因素都更重要。"打仗的时候，老兵都是用新兵的鲜血锻炼出来的。前赴后继的新兵冲上来，生存下来的就成为老兵，他们会带着一群新兵继续打，最终有些人成为特种兵，有些人成为将军。"

劫后余生的陈航带着一批特种兵，带着"不成功便成仁"的悲壮向马云提出借用湖畔花园的请求，陈航对马云说："我们要在湖畔花园重新创业。"而马云爽快地答应了这个要求。

2014年5月26日，钉钉团队正式进驻这个后来孵化出支付宝、天猫和菜鸟物流等明星项目的创业圣地。带着一股不服输的心气，陈航尽可能保持低调，直至半年后1.0版本上线后，陈航人生里的第四个转折点终于显现。

这一次，他终于走到了舞台的正中央。

禁止"YY"

在云计算和移动互联的时代，产品经理或许能从大数据当中挖掘出用户的需求，乃至看穿数据背后的问题。但是数据的分析来自客观现实，一款好的产品就必须依赖产品经理和团队不断进行实地拜访和调研，完成对目标用户和场景的主观判断。

2014年下半年钉钉已经有了一个初步的产品模型，但是在功能和用途方面还没有明朗，包括陈航在内都还没有明确的发展方向。在那段时间，钉钉团队密集地跑各种企业调研，寻找希望能提供用户痛点的样本，但却总是碰壁。直到有一次，陈航带着团队在外面跑了一天，又碰了一鼻子灰，一帮人坐在街边的大排档吃臭豆腐的时候，钉钉的团队成员一岱向陈航推荐了史楠，在史楠公司的调研最终让陈航团队确立了钉钉的发展方向。

史楠的康帕斯科技有限公司的主要业务是IT硬件和提供互联网解决方案，当时只是一家不足百人的小企业，其中一半以上员工为销售岗位。苦于公司内部的沟通和工作协同有着种种低效率的表现，史楠对于钉钉的调研表示了欢迎。

通过与史楠的接触，陈航了解到传统中小企业面临的办公问题诸如考勤、财务、审批、报销等都存在着巨大的痛点。在长达数个月的调研后，陈航和团队成员完成了钉钉的大致架构，将沟通和协同办公确定为产品主线，包括Ding和澡堂模式也是从漫长的调研过程中产生。

得益于这种深入一线的调研方式，钉钉决定推出共创企业计划，打车平台中国优步成为钉钉首个合作伙伴。按照陈航的说法，共创企业计划是让钉钉变得更加符合企业的诉求，让企业的工作效率和安全作为双方共同的目标。在选择共创企业上，陈航更偏好于选择有行业代表性的公司，或者是能够发挥钉钉最大价值的企业。

直至今天，陈航和其他的成员仍坚持着拜访中小企业的习惯，每周上百个员工都要深入到最底层获取用户体验，并最终完善产品，这甚至已经形成了一种团队文化。"禁止YY（意淫）是钉钉的文化，好的产品不可能YY出来。"陈航说。

事实证明，钉钉走在正确的路线上，后来者大多以此作为参考蓝本。从企业微信1.0版本中不难看出，其功能设置大多仿效了钉钉的做法，但缺少像Ding和澡堂模式的特色亮点。据业内人士分析，相较于钉钉的从零开始，企业微信的诞生更多是来自腾讯管理层的政绩产物，充其量只是防御性武器。

"钉钉有一个重要的作用，就是抹杀下属和上司之间原有的森严等级，让二者趋向平等。"史楠对《时代周报》记者表示，企业里工作效率最低的并不是普通员工，而是管理层。"在钉钉的作用下，跨部门间的沟通变得更简单，而且能让管理层更多地参与决策，这是以往不敢想象的。"

从工具到平台

事实上，企业级市场已在美国存在了10多年，但直至2015年才在中国进入元年。投资者的重点不再是O2O，而是转向企业级服务的蓝海，包括红杉资本、老虎基金、IDG联想之星等各大投资机构，先后进行着一系列企业级的投资布局。

参考美国目前最炙手可热的SaaS（软件服务化）应用Slack，其上线仅两年后便获得了230万用户，估值已经接近40亿美元。可以预见的是，中国SaaS市场也有望诞生一个百亿美元级别的独角兽，而钉钉、企业微信以及纷享逍客等将争夺这一席位。

仅仅提供基础的沟通和办公应用无法成为钉钉的护城河，只要丰富的生态系统才能支撑起陈航的构想。自去年发布C++战略后，钉钉完成了从工具到平台的跳跃，海量的企业用户吸引了越来越多的ISV（独立软件开发商）进驻，这其中包括有蓝凌和Tower等厂商。Tower的CEO沈学良表示，与钉钉开放平台合作之后，Tower的用户数量暴增200万，这比过往三年单独运营的总和还要多。

但今年春季战略发布会结束后，一名记者向陈航提问，钉钉的产品边界在哪里。这个疑问来自于中小ISV的忧虑，他们担心钉钉会亲自进入到市场应用的开发，从而进一步包揽整个企业级服务市场。

"钉钉主要还是专注于平台能力的打造，我们就像一个严格版的APP Store，检验过程最终能证明这个行业里的企业认可你作为第三方应用的价值。"陈航说。今年的春季战略发布会上，钉钉继续围绕沟通和协同办公的路线，对考勤、审批和安全方面进行升级，仍坚守着开放的平台化路线，并未走向大包大揽的垄断模式。

诚如微信创始人张小龙在今年年初的首次公开演讲中提到，一个好的产品是用完即走的。也许是意识到信息过载的问题，张小龙也开始对微信进行减法，第一步就是将企业微信独立于微信之外。原本业界预计依靠着微信的巨大用户数据，企业微信的前景不会太差，但是考虑到微信、QQ的社交关系链完全有别于工作关系链，企业微信也需要从企业层面入手——这正是腾讯过去多年来不擅长的领域。

史楠向《时代周报》记者表示，目前企业微信的水平大概只是钉钉两年前的版本，想要吸引企业用户转移到企业微信上，至少先要让其站到与钉钉同一起跑线上。

（原文刊发于《时代周报》2016年5月24日第389期）

冯鑫：暴风变得更聚焦更垂直

陆一夫

> 2017年11月6日，暴风集团旗下暴风TV发布了首款AI无屏电视Max6，试图用大产品、大AI和大营销三个维度，重新定义投影市场的门槛和标准。

　　家用投影市场是近年成长速度最快的大屏市场，但目前仅有4.3%的投影是1080p的高清产品，而人工智能产品更是空白。暴风此次发布无屏电视新品，算是实现了冯鑫四年前的一个梦。冯鑫表示，自己四年前就已经想进入这一片市场，但囿于资源不足最终没有落实。

　　"不过，家庭客厅互联网一定需要屏幕，用户要更广泛地进行信息展示和交互，就需要更大的屏幕产品。"冯鑫判断，投影在家庭大屏市场中的占有份额会达到20%，而暴风的目标是占据其中的30%，成为投影市场中的No.1。

　　事实上，在电视行业整体进入下行趋势的情况下，家用投影市场却呈快速上升态势。据统计，今年全球彩电整机出货0.95亿台，同比下降3%，但家用投影的市场却保持着55%的增长率。

　　在冯鑫看来，投影已经进入大众市场范畴，但目前尚未出现一款真正能满足用户需求的产品，因此暴风的进场将抬高投影市场的竞争门槛，是一次全面的竞争升级。"这是暴风利用电视机的基本水准来做投影市场。"他表示，经过2年多TV市场的积累，暴风已经在品牌、技术、渠道、内容上都做好了充足的准备，以大玩家的姿态进军投影市场。

进军无屏电视，是暴风聚焦"两屏"的一部分，也是冯鑫对外界质疑声音的回应。刚刚出炉的三季报显示，暴风当季实现营业收入4.48亿元，同比增长11.34%；实现归属于上市公司股东的净利润为452万元，同比增长826.5%。前三季度，暴风累计实现营收12.74亿元，与上年同期相比增长42%。

这一切源于AI对暴风的全面赋能。在过去一年里，冯鑫力主将人工智能技术充分应用到旗下的视频、TV、魔镜和体育各项业务，搭建起一套信息流化的千人千面影视及泛娱乐内容推荐服务体系。

"未来企业与企业之间的竞争就是数据资产和发动机的效率的比拼。"冯鑫对AI的思考是，暴风全面拥抱AI是换上新的发动机，将暴风升级为"未来的赛车"，"我们要尽可能想AI能做什么，以及能做好什么"。

从2015年的DT大娱乐战略，到2016年的N421战略，升级到如今的AI战略，暴风的核心业务聚焦TV和VR这两块屏幕上。冯鑫表示这并没有发生变化，最基础的仍然是用户平台。"纯粹来看，对暴风真正重要的未来是VR和TV两块屏幕。从DT大娱乐到N421，这里的变化就是暴风变得更聚焦更垂直。"冯鑫说。

这个当面对压力时就会问自己"是否还在坚持对他人和世界保持善意"的男人，每天都会花时间去思考创造的价值。如果时间倒流回十年前，暴风只是一个万能播放器，但是展望未来十年，冯鑫的目标是建设一个面向全球，每天为数亿人提供新颖互联网娱乐服务的平台。

"我希望暴风能把互联网基本的思想和对未来潮流的把握，应用在屏幕娱乐上。"冯鑫表示，暴风在2020年前将集中精力让过去几年的布局开花结果，在2020年后将探索暴风的下一个十年。

❝ 冯鑫：暴风全面拥抱AI

时代周报：据说四年前暴风就已经想进入投影市场，为什么等到现在才来真正进场？

冯鑫：这一切要从2013年说起。当时我们要为暴风找未来的出口，在视频平台领域的竞争中暴风基本被BAT给控制住了，现实情况是在移动互联网和PC端的战局是无法突破的，这迫使我们从未来的布局中寻找出口。

那时候我们已经把目光聚焦到投影上，我也看过了极米的样本机，但是暴风还没有上市，资源也不够，所以我们最后选择了TV和VR两条赛道。

后来在2016年第四季度，我们决定让TV团队来负责投影产品。其实家庭客厅互联网一定需要个屏幕，用户需要更广泛地进行信息展示和交互，但电视机在65英寸以后的能力就变得很弱了，通过投影恰好可以解决物理上的屏幕能力。

暴风的投影产品优势在于，我们的产品品质一定过关，能够在大众市场范畴里独树一帜。另外在AI赋能和品牌营销上暴风都做好了准备，目前我们已经布局了6000多个零售门店，线上和线下的渠道营销能一起做好这件事。

暴风大玩家的进场，一方面使投影市场竞争门槛变高了，竞争将进一步升级；另一方面是更多大玩家进场。我们有个明确的小判断，首先是投影产品在家庭大屏市场当中的占有份额会达到20%，而这个领域当中No.1公司占有的份额应该能达到30%以上。这是我们对格局的判断，也是我们的期望值。

时代周报：前段时间你谈到了关于"互联网电视之重"的看法，这个"重"体现在产业链上下游的协同合作，包括内容、供应链和渠道等等环节，暴风在这些环节上都做了哪些工作？

冯鑫："互联网电视之重"是我们在电视领域两年时间里的一个学习。其实硬件供应链、渠道销售和互联网服务三者是乘法关系，首先要把硬件做得出来，其次是能卖得出去，最后是把互联网服务做好。

传统的电视领域能把硬件和销售渠道做得很好，但互联网服务做得不够好。我是互联网出身的，而暴风TV团队是传统行业出身的，我和他们发现在渠道销售上很容易达成共识，但后来我们发现要尊重卖得掉的规律。

过去对供应链领域，我们理解得非常不够，这是互联网玩家的普遍问题，真正进去互联网电视领域会发现，花钱不见得就能做得出来，周边生态链环境、资源条件都有很大的关系。我们进去越深，越发现供应链非常之重。

换句话说，未来互联网电视的竞争就是这三方面的竞争，No.1的公司一定是这三方面都做得很好，所以我们必须要对供应链有足够的尊重和理解。

时代周报：在过去一年里，你多次强调AI对暴风的重要性，现在暴风旗下的所有业务线几乎都实现了AI化，也推动了信息流广告的营收增长，未来AI还会带来哪些红利？

冯鑫：AI在具体运用上有两个表征：一是推荐服务，它更懂你，推荐给你更准确、更正确的东西；二是在人机交互上，目前AI的本质上是对声音的交互，以及视觉识别、声音识别的理解和学习，目前这两方面成为AI最大的体现。

透过这两个维度，我们可以得出一些结论。首先企业可以把AI当作发动机，这意味着服务和商业变现效率远远高于过去。AI的学习能力使得正确的信息反馈更进步，过去似乎不可做到的难关瞬间被解决。发动机的换与不换，意味着企业是属于"未来的赛车"还是"过去的赛车"。

其次是AI带来的数据能力。未来企业与企业之间的竞争就是数据资产和发动机的效率的比拼，暴风现在是全面拥抱AI，要尽可能想AI能为我们做什么，能做好什么。

时代周报：从最初的DT大娱乐，到后来的N421，再到现在的AI+两块屏，暴风的定位是不是在发生变化？你希望暴风在互联网行业里是一个怎样的存在？

冯鑫：其实本质上一丁点都没变。DT大娱乐的时候我们就画了三条线，一是用户平台，二是用户平台如何变现，三是背后是大数据来驱动，只是大数据这件事儿直接变成现在AI。我们强调"N421"的"1"，讲的也是DT和AI；"N"是变现的手段，变现手段越丰富越好；原来说有四个平台，但纯粹来看只有两个，对暴风真正重要的未来是VR和TV两块屏幕。

我们认为"2"是上游的内容，传统娱乐和体育内容具有经久不衰的价值，如果条件允许我们尽可能参与。从DT大娱乐到N421，这里的变化就是暴风变得更聚焦更垂直。

我希望暴风能把互联网基本的思想和对未来潮流的把握，应用在屏幕娱乐上。其实社交、手机乃至出行市场，互联网的潮流基本是一致的，但在不同垂直领域都有各自的应用，我们就是把最基本的互联网潮流应用于屏幕娱乐这件事情上，暴风就是扮演这样的角色。

时代周报：你之前表示，暴风的布局已经基本成型，接下来将是生根发芽的阶段。那展望未来，暴风还会在哪些方面努力？

冯鑫：我原来有个说法，暴风的战略在2025年前分两个阶段。在2020年前，我们让过去五年的布局彻底生根发芽，开花结果；2025年之前，我们让这些开花结果再繁衍，更可能是横向繁衍。

理论上，2020年暴风就要开始下一个探讨，这个问题届时需要我们认真理解。除了对前面的收获和繁衍之外，我们要考虑在下一个十年会发生什么，暴风应该做什么。现在我们没有条件做这个规划，但2020年之后我们要开始考虑下一个十年应该做什么。接下来这几年里我们集中精力在如何让暴风的布局开花结果，然后不断学习，验证那些我们思考的方向。

（原文刊发于《时代周报》2017年11月7日第465期）

第五章

拥抱未来

越来越明显的趋势是，个人计算平台与企业计算平台的演进已经不再是直线的发展，而是波浪式的推进，而每一波浪潮的发展速度比以前更快，影响更大，并且更具创新性。从第一台苹果2型个人电脑的推出到上世界90年代的加速发展，个人电脑浪潮的形成花费了20多年的时间。宽带互联网的浪潮从开始到

2000年的拐点仅仅不到五年时间。而智能手机从iPhone面世到爆发式增长仅仅用了三年时间，而现在智能手机的浪潮还在不断带来各种商业创新。

我们看到100年前，石油是美国第一波工业革命中最为核心的资源。而铁路大王范德比尔特垄断的就是石油运输，石油大亨洛克菲勒垄断的是石油提炼。在一些企业家与行业观察家看来，100多年后的今天，大数据就像是石油资源一样宝贵，谁手握数据，谁便掌握未来。也比如云计算，从业界抛出概念到实际应用，时间非常短，并且被外界看作为"革命性的计算模型"，这也成为了IT厂商最为看好的庞大潜力市场。

作为站在科技浪潮之巅的科技巨头们，他们对于技术的理解，等同于商人手中的商品，而在十年来的报道中也能够发现，这种技术的应用飞速从概念变为了实际，科技浪潮席卷而来。不禁好奇，下一个十年，人类社会又会发生怎样的改变？

IT服务走向社交网络和云计算

李瀛寰

> 社交网络正在改变一切，从网民的信息获取方式到企业的营销手段。
>
> "社交网络与云计算的结合，则是IT服务领域正在发生的重大改变。"在接受《时代周报》记者采访时，微软亚太区全球技术支持中心在线服务支持部总监安诺睿（Anurag Vij）很清楚地表达了他对IT服务未来发展方向的看法。

用社交媒体变被动为主动

时代周报：微软亚太区全球技术支持中心目前有哪些方式服务用户？

安诺睿：目前有三个主要的渠道，一是客户通过电话的方式或者邮件的方式提交问题，这是技术支持事件，通过传统的方式进来。第二是通过在线的论坛方式提交问题，第三是客户越来越习惯在社交媒体上交流，比如在中国是发微博。此外，我们还有很多直接跟客户、合作伙伴面对面交流的机会，将来我们在倾听用户方面会不断拓展。

时代周报：微博等社交媒体对服务用户有效吗？

安诺睿：第三种社交媒体渠道是比较新的，社交媒体在两年前我们还没有开辟这个渠道，但是从去年开始，微博在中国发展非常蓬勃，2010年称为社交媒体在中国的元年，我们尊重客户的习惯，看到客户在哪里，我们肯定会很快地把新的渠道开辟出来。所以社交媒体是我们和客户互动，听客户反馈的新的渠道。这一渠道目前发展得非常快。

时代周报：根据你们的经验，社交媒体在IT服务中会扮演更重要的角色吗？

安诺睿：这几年社交媒体非常活跃，我们每个人都是消费者。我们消费者支持部在新浪微博上开设了一个账号，叫作"微软帮助与支持"，专门和消费者实时地互动。粉丝量每天都在增加，很多消费者习惯于在微博上提问，我们的确解决了很多问题。这是我们在社交媒体上开放的一个窗口，通过这个窗口我们可以把用户群引导到知识库里面，用户在解决这个问题的同时，可能也会看到其他问题，可以更好地学习。当然，在社交媒体上活跃还不仅仅是消费者社群，还有IT专业人士以及开发人员，通过社交媒体提供技术支持的成功经验也将使更广大的微软用户受益。

时代周报：社交媒体以及论坛的运用给你们的IT服务带来哪些大的改变？

安诺睿：以往微软技术支持中心为客户提供的服务是被动响应式的，接到客户的电话、邮件或者其他方式发送来的疑问、咨询后，才会通过技术中心的工程师或者其他部门的帮助给予客户解决问题。而在RCE的模式下，服务从被动变为主动。所谓主动就是RCE主动通过各种方式，通过技术支持工程师对电话、社区论坛、知识文章（KBs）和社交网络上收集用户需要解决的问题以及反馈意见，经由自动智能工具与人工分析相结合的方式，总结出常见问题以及服务需求趋势，加以解答或制作解决方案，公布、推送给客户，让常见问题不再是，或者在遇见的同时可以很容易及时找到解决办法。这种模式也用一个成语来形容的话，就是"防患于未然"。

云计算推动IT服务

时代周报：IT服务已经成为众多企业的竞争发力点，在技术服务的主动性上不断提升，微软在这一块独特的战略策略，或者具体的做法，有哪些自己核心的竞争力？

安诺睿：主动服务方面，微软的云计算是重要内容。下一代服务更多是和云计算相关，建立在云计算上的IT服务才是未来的方向。在云时代，我们发现客户对主动服务的需求和以前有很大的不同，现在客户更强调及时性和随时性，响应速度要非常快。我所负责的部门在去年下半年建立了云计算技术支持团队，为亚太区正在部署和已经部署微软云计算的用户提供技术保障。另外，在IT服务方面，用户需要更加有针对性的、细致化的服务，我们在用户反馈中分析趋势，琢磨客户可能还要碰到的问题，而且不同的客户会碰到不同的问题，没有一个普适型的解决方案。我们现在更多的是有针对性地提供积极、主动的服务，帮助客户预防问题的发生，与云计算结合起来，为用户提供更为与时俱进的服务。

时代周报：云计算在IT服务中将发挥怎样的作用？

安诺睿：云计算可以跳开买东西、安装、发货、使用、发现问题等这些过程，直接给客户提供的是完整的在线平台，只要在线注册就可以使用，不用担心服务器被病毒攻击了怎么办，服务器更新不够快怎么办。有了云计算以后，有一个网络浏览器订阅，可以随时地使用，后台的东西全部交给服务提供企业就可以了。云计算本身就是一个服务。

　　我们为了保证客户良好的全面体验，经常与OEM厂商，比如联想、戴尔、HP、海尔、同方、方正等，定期做服务的高层谈话，打造一个IT服务生态圈，共同为用户服务。

（原文刊发于《时代周报》2011年6月20日第134期）

微软的云端共赢

李瀛寰

> 云服务该如何建设？微软正积极探索"云+端"的云计算发展理念。

"云服务做得再好，还是需要'端'体现应用，就是用户体验，要做到云端共赢。"谢恩伟也阐述了微软一直以来所坚持的云计算理念。

在云计算尚无统一标准的今天，云服务到底应该如何建设？对于国内众多城市的"云计划"，谢恩伟认为这是一个好现象，云计算建设已经步入正轨。但是，"如果云计算中心不能够以经济学的角度去规划、去建设，容易出现投资过剩。"谢恩伟如此说。

云端共赢才是方向

时代周报：无论是微软、IBM，还是谷歌，各厂商所做的云计算都不同。微软为何会特别强调"云+端"的云计算发展理念呢？

谢恩伟：微软自进入云计算领域当中，就一直在强调云+端架构概念。云服务做得再好，还是需要端体现应用，就是用户体验，否则很难，这个工作会一直延续。举个例子，中国正在大力推物联网，我们跟客户做方案的时候，很多都是用"云"的结构做物联网的事。事实上，物联网就等于"云+端"，云提供这样的服务，端可以享受这样的服务。未来，云计算应该是"客户端+在线服务"，紧密结合在一起，这是一个趋势。

时代周报：现在业界的注意力似乎更集中于"云"上，认为云时代只需要简单的"端"，是这样吗？

谢恩伟：到了"云"的时代，不需要有智能的"端"，这是一个错误。我们越来越发现，我们所拿的"端"，原来比较单一，就是PC；而现在，智能电话不仅没有停滞，反而越来越先进了，对于不同技术的支持，对于不同的标准、场景支持越来越强。事实上，"云"的时代对"端"的要求越来越高了。

时代周报：目前各地政府大量投资云计算，甚至希望云计算成为拉动当地经济的重要产业。但如此大量的投资，会不会形成重复建设？

谢恩伟：这首先是一个好现象，政府、企业对云计算的重视，会推动整个产业发展。但让人担忧的是怕形成云计算中心的泛滥，缺乏很成熟的布局和规划，会导致因为短期利益而影响持久的发展模式。因为云服务的核心特色之一就是跨地域的服务，很难说中国每个城市都需要一个云中心。

时代周报：如何才能让云计算建设达到最好的经济效益？

谢恩伟：微软委托第三方机构做一份《云的经济学》，报告中指出，云计算必须要遵循三个经济规律：第一，云计算供应方必须达到一定的级别，才能够体现出电力成本降低的优势，要知道电力成本是云计算中心非常大的一部分；第二，只有达到一定规模的时候，硬件和基础设施的成本优势才能体现出来；第三，只有达到一定规模并在管理方面具有深厚经验的时候，才能够体现出人力成本优势。

时代周报：*云计算已经被看做是一个重要商机，中国企业应该如何抓住这一机遇？在云计算领域，目前中美之间有何差距？*

谢恩伟：中国和美国在云计算领域处在同一起跑线上。从某些角度看，中国甚至拥有更好的机会。云计算有两个层次，针对普通消费者和商业应用。在针对普通消费者的应用中，美国有Google、Twitter，中国有中电信等运营商以及阿里巴巴等，中国不比美国做得差，从网民数量和移动终端数量比较，中美几乎完全是同步的。而在云计算的商务应用方面，我更看好中国的机会。例如在电话领域，很多中国用户跳过了固话，直接过渡到手机。中国有大量的中小企业，其中很多的IT应用水平还不高，但存在直接跳跃到云计算模式的机会。事实上，我们更期待云计算在中国有飞跃的可能。

比Google应用广，比IBM前卫

时代周报：*微软能提供哪些云服务？在云计算领域，微软与IBM、谷歌相比，有什么不同？*

谢恩伟：微软的云计算平台是Windows Azure，可以提供公有云、私有云服务。在云计算领域，微软将扮演服务和技术引导者的角色。一方面，微软将为客户提供公共云服务；而在私有云方面，将扮演技术引导者角色。微软如今在全球运行着几个巨大的云计算平台，比如用户数超过4亿人的Hotmail，还有全球最大的在线游戏平台XboxLive，而微软搜索引擎（含Bing必应和雅虎搜索）的全球市场占有率已经接近30%。

微软在云计算市场有10多年的历史。相比IBM，微软更加前卫，而相比Google，微软在私有云方面有很大举措，而Google只有公共云。

时代周报：Google和微软在云计算领域的竞争也很激烈，就微软与Google的不同，你可否具体讲讲？

谢恩伟：Google的确是一个竞争对手。与微软相比，Google的商业模式还是比较单一，就是社区、搜索，商业模式方面，微软是多样化，不是以单纯的广告模式。在手机操作系统方面，因为Android，Google走得比较靠前，对微软是个挑战，但微软有新的WP7，就市场拓展而言，这反而是微软的优势。在云计算领域，谷歌的App Engine跟微软的Azure也很难比，而且微软还有在私有云方面的拓展，这是Google完全不能比的。还有一点，特别是客户端的多样化，实际上Google是没有的，如Xbox、Kinect等产品。

时代周报：微软CEO鲍尔默前不久来华时表示，下一步会有更多的力量在云计算上。在中国，有哪些具体的计划？

谢恩伟：实际上很多方面已经在做了，比如在北京，我们投入在搜索领域，搜索就是一个云服务。

此外，还有广告方面、Office365在线产品等都有投入。在上海，9月份有一个云计算创新中心在上海成立，可以更多地帮助本地客户、合作伙伴做云计算战略迁移。微软现在的云计算布局已经形成，未来越来越多的研发资源将放在中国，特别是激励中国的应用拓展，把最后一公里的营运做好。把微软的服务带到中国的市场，对我们来说非常重要。

时代周报：业界很多人，包括投资方、观察人士都在研究微软的下一步发展，很多分析人士认为，微软的动作有点慢，你怎么看？

谢恩伟：鲍尔默跟我说过，他引用了一个篮球教练的一句话，就是要快，不过不要Rush，不要赶。拿Kinect为案例，wii出来之后，其实就是一个棒棒。那么，X-Box还要不要做一个棒棒？Kinect的战略决策应该是怎样的？要不要赶时髦？是不是要把智能手机的UI（用户界面）都做得像苹果一样？Android更多的是拷贝苹果的用户体验，但我们没有，微软做的是我们自己的。微软的概念就是要快，但不要赶。虽然很多地方需要继续提高，但我想，概念还是很重要，就是不要去赶，要快。

（原文刊发于《时代周报》2011年7月18日第138期）

决战云计算

李瀛寰

> 云计算的大力推进，为设备商与方案商带来了巨大的商机，但在云计算在商业模式的开发上还有着巨大的潜力空间，过去几年，新的产业链正在逐渐建立起来，一些以往趋势性的东西变得更加清晰。

"云计算不仅仅是计算的突破，更是商业模式的突破，当前，越来越多的云计算或云服务方案正在实施。"前不久，VMware公司大中华区总裁宋家瑜在一次新产品活动上如此说道。

为了帮助实现云计算的落地，VMware近年来一直在规划和研发基于云计算实践的产品，包括前不久推出的云基础架构套件。

"2年前，云计算被提出时仅仅被人们当做了一个概念，但是今天超过50%的企业使用了虚拟化技术。"虚拟化是推动向云计算转变的重要催化剂，但仅有虚拟化还不够，云计算产业还需要整个行业的共同推动。

面对中国各地政府正在大力推动的云计算项目，VMware公司适时推出了"政府云"。何谓政府云？

7月17日，接受《时代周报》记者采访时，宋家瑜给出了答案。曾任职

IBM多年并在IT行业已有30年的宋家瑜，对云计算有着更深刻的了解。

❝ 突破商业模式并不容易

时代周报： 怎样的商业模式才能让云计算真正"落地"？

宋家瑜： 云计算讲了很久，但到现在为止，业界还在摸索，就是这个商业模式。如何做好商业模式，有三个要素：第一，企业如何做云计算？是自己建，还是去买云服务？应该跟谁买？卖服务的人到底是电信运营商，还是像百度、阿里巴巴这样的公司呢？还是介于两者之间的中金数据、万维数据这种公司，跟谁买服务？第二，买云服务时，计费方式是怎样的？第三，如果发生冲突，谁具有公信力可以解决问题。这三件事已经就绪的时候，云计算的实施就可以彻底落地了，可以让大家享受到云的好处。

时代周报： 当前不同的公司都在谈云计算，现在还没有统一云计算标准，各说各的，甚至有些企业是基于自己的优势提出了云计算方案。但是，用户到底是需要什么样的云计算？您从一个客观公正的角度谈一下。

宋家瑜： 从一个IT从业人员的角度来看，我认为，云计算带来了几个颠覆，第一个颠覆，从用户端来讲，用户不会再受到任何一个设备的限制。将来任何一个用户，都可以自由使用这些应用跟数据。第二个颠覆在应用，所有设备的操作系统应该是跨平台的，不论是Windows，还是Unix或者Linux，不再有约束。第三个颠覆就是虚拟化，这将彻底解放传统物理资源彼此之间的非常封闭的环境，不同的物理资源也会被整合起来应用。

只有做到这些，才可以说是真正的云计算，而不是站在自身利益出发的打着自己过去优势的云计算方案。我个人觉得这次云计算的浪非常大，VMware自认为在云计算里面，我们站在一个比较战略的位置上，可是我自己有时候很担心，我们是不是也有过去的包袱。我们不仅要检讨我们的包袱是什么，要把这个包袱去掉，只有这样的企业才能做好云计算。

时代周报：同行业的企业都在做云计算，虽然当前还有很多不同，但都在以用户为本。从这个角度看，云计算也会殊途同归。未来，决胜云计算的根本在哪里？

宋家瑜：我觉得真正还是在应用跟数据，那些真正掌握应用数据的服务商会取胜。厂商不要觉得自己太聪明，真正掌握应用跟数据就是客户，还有某些伙伴，一定要把这些人找到。在中国，还有很大的不同，政府是绝对重要，这比任何其他国家政府的力量更大，所以一定要看清楚政府在推什么方向。这三件事情掌握住了，我觉得客户、伙伴、政府，把关键的应用数据掌握到，最后胜出的几率会大得多。好的产品不见得是最后胜出的，历史上有太多的例子。对云计算而言，就是想清楚这个事情，应用数据最重要。

▌中国的"政府云"发展超前

时代周报：目前中国政府大力发展云计算，甚至各地政府已经把云计算当成拉动本地经济的支柱性产业，有必要这样吗？这对云计算产业的发展有何益处？

宋家瑜：我觉得国家在"十二五"里将云计算放进去是宏观的考量，实际上的确是在建立经济的行为，不是一个单纯的科技行为，所以对当前各地政府推进云计算的项目，可以解读为政治和经济的行为，不单纯是一个科技行为。但从这个角度来看的话，政府在推进云计算项目时，就要从经济学的角度来思考了。

时代周报：云计算一般有公有云、私有云、混合云等，也有从服务提供商的角度，命名为商业云、电信云的，但VMware公司推出了"政府云"计划，这是如何定义的？

宋家瑜：和我国政府将云计算列入国家"十二五"战略规划一样，"政府云"也是VMware中国公司2011至2015年规划中的一个重要战略方向。VMware公司其实很赞同中国政府的这种视角，因此也在积极地参与进来。我们希望与中国政府，以及国内云计算产业链中的各个友商，一起合力推动云计算在国内的发展。这就是我们所说的"政府云"计划。

事实上，VMware的"政府云"计划并不是传统的渠道合作，而是帮助中国建立起健全的云计算产业链。因此，我们与合作伙伴会有各种各样的合作模式。例如，有些合作中VMware只是以专家的身份去帮本土的云计算厂商完善其解决方案，有些合作会涉及产品层面，有些合作类似于一种战略投资。事实上，有好些合作实际上都是不赚钱的。

时代周报：在不同的云形态中，政府云的发展会不会比较超前？

宋家瑜：在政策支持下，政府云会很快地发展起来，而且有一个"领头羊"的效果。政府云动作会最快，但这并不意味着政府云将有很大的营收。政府推动云计算一事，会推动整个中国对于云的理解及可能摸索出来商业模式，甚至创造生态环境都有非常重大的意义，所以政府做这件事情是绝对必要的。

时代周报：目前中国每个城市都在促进这个云计算中心，您觉得在中国，需要每个城市都建一个云计算中心吗？会不会形成重复建设？

宋家瑜：不完全需要，可这是一个避免不了的过程。现在政府的云计算项目更多像在教育整个市场，这是政府的责任，做到一定规模的时候自然会平衡吧。有时候就像钟摆一样，左右摇摆，最后再到中间对的位置。如果第一步不摆过头，摆在中间位置的时候力度会不够，所以要先摆过去，到时候它自然会再摆回来，最后停在中间。

时代周报：目前VMware公司与政府有哪些合作？

宋家瑜：北京"云基地"是北京"祥云计划"中首个云计算产业孵化和示范基地，而VMware已经与VMware云基地的北京天地超云公司开始了良好的合作。VMware的虚拟化软件被预装在天地超云的云服务器上。除了云基地，在别的城市，VMware与一些地方政府和本土的云计算企业也在展开类似合作。如果整个中国的云生态环境建立起来了，对中国是好事，对VMware来讲也绝对是好事，所以在这个孵化阶段我们愿意投入。

（原文刊发于《时代周报》2011年8月1日第140期）

百度将PC商业模式移植到云

王　刚

> 现在百度已经将人工智能作为核心的发展方向，但百度也曾经在云计算上发力，阿里已经在这个领域成为了霸主，腾讯、百度、华为以及通讯运营商居后。

当外界还把目光聚焦在百度和360之间的搜索大战时，百度已经启动了向移动互联网和云计算转型的进程。在今年的百度世界大会上，百度CEO李彦宏宣布，百度将开放包括云存储、大数据智能和云计算在内的核心云能力。

"我们不再提以搜索为核心，今天百度是一个平台，我们为开发者提供最完善的服务。"百度技术副总裁王劲说，未来百度云首先将铺设云基础设施，然后要去新型应用平台，最后还要和合作伙伴共建商业模式。

在"应用为王"的时代，腾讯已有了平台级明星产品微信，而360等各方势力都在极力抢占移动互联网的入口，那百度将如何把移动和云完美地"绑定"在一起来走出一条自己的道路呢？

时代周报：百度会在移动互联网上担当什么角色？

王劲：云计算的基础设施已经成为开发者的重要门槛。对开发者而言，云存储耗费成本极高，技术要求更高，已是制约应用开发的主要"拦路虎"。

但百度却拥有超大规模的节能数据中心和强大的软件基础架构。因此，百度扮演的角色是从服务提供商转换到了平台提供商，百度要做平台的提供者和支持者，而开发者则提供服务给最终用户。开发者将享用百度的技术、大数据以及渠道优势。

时代周报：在应用为王的时代，百度将如何打造新兴应用平台？

王劲：百度推出APP Search要解决用户需求和APP优劣间的需求。当前无论是APP Store，还是Android系统，作弊现象非常多，如何评价一个东西好坏，这是百度在移动搜索中要做的工作，百度会建立一个APP安全评价体系，来帮助用户识别哪些是优质的APP应用。

时代周报：未来移动互联网的发展一定是云端结合的，百度如何加强"端"来支持云战略？

王劲：以后单纯的"端"很难生存，单纯的"云"没有落地也不能生存。"云"是百度的强项，但在端上我们也作了很多努力。比如我们有浏览器的内核，这是云端一体的东西。

目前80%以上Android手机上都部署百度移动端产品，这一方面是百度很多PC端产品，如贴吧、百科、地图推出移动端；另一方面是很多百度地图、音乐等产品本身是作为基础设施存在，被开发者调用。

另外，在和戴尔、长虹合作之后，百度与TCL合作研发的手机产品已经推出。未来还将与所有主流手机厂商合作推出移动产品。

时代周报：谈谈百度移动云的商业模式？

王劲：还会将现有在PC上的模式移植到移动互联网、移植到云上来，比如广告模式。

目前在移动端，广告、游戏和电子商务每个单独都很难成为一个成熟商业模式。随着搜索日益成为APP重要分发渠道，百度在探索前向付费，即用户付费模式，以及广告变现模式，并在积极构建一键支付体系。

时代周报： 百度的移动云与谷歌、苹果相比孰优孰劣？

王劲： 很多人说百度做移动互联网比较迟了，但我的看法是，国际上互联网公司做成功的都不是第一代，互联网发展很快，关键是抓住内涵才会成功。百度在移动互联网领域是云与端结合，未来单纯的端或云很难撼动百度。

现在移动互联网产业并不成熟，还有很大发展机会。这就像是一个马拉松比赛，跑到最前一百米不算赢，最终看的是谁能坚持下来，互联网企业谁能最后跑赢比赛，就看谁先找到真正好的商业模式。

（原文刊发于《时代周报》2012年9月21日第199期）

"感知计算"承载英特尔复兴梦

李瀛寰

> 移动互联网时代，英特尔转型步伐缓慢，如何凭感知计算这一核心技术，迎头赶上，成为英特尔当前要务。

英特尔其实找到了方向，但转型的动作有点迟缓，现在，英特尔的当务之急，就是与时间赛跑。

就在英特尔一年一度的IDF信息技术峰会召开的第二天，4月11日，IDC发布报告称，全球PC出货量相比2012年第一季度足足下滑了14%至7630万台，连续第四个季度下降，也是IDC自1994年开始公布PC发货量数据以来下降最快的季度。而另一方面，智能手机市场呈现迅速增长态势。

PC的领头羊英特尔，去年初才进入智能手机芯片市场。在PC销量下滑与手机爆发的夹击中，英特尔已经转型。在今年的IDF大会上，可以明显看到，英特尔展示了一系列新技术，感知计算试图引领未来产业方向，英特尔主打的超极本正率领众多PC厂商一起努力。

英特尔的目标是拯救PC。当下，英特尔正在突破"轻薄，低功耗"这一挑战。据英特尔公司副总裁兼英特尔架构事业部数据中心事业部总经理施浩德介绍，英特尔将于今年年内发布的酷睿四代芯片，采用22纳米工艺，功耗只有酷睿二代的20%,在平板电脑的使用模式下,电池续航时间超过10个小时。

重量级芯片的发布,将使"笔记本、平板"二合一的超极本功能更强大,而英特尔从一年前开始打造的感知计算已经逐步成长,神奇的、如同未来世界的新鲜体验试图带领用户进入PC的新境界。

在智能手机领域,虽然去年初才真正进入这一市场,但英特尔以第二代"Medfiled"系列为主的凌动芯片已经获得了手机厂商的认可,目前已有七款基于英特尔芯片的手机推出。英特尔全球副总裁、中国区总裁杨叙在接受采访时表示,英特尔产品的优势将体现在大屏幕手机上。手机业务今年仍以展示效果为主,不追求销量。"在5英寸以上的,7英寸以下的大屏幕智能手机上,英特尔产品的优势已经开始明显体现,因为英特尔芯片能够满足这种设备所需的功耗低、电池寿命强,计算能力强的要求。"杨叙说道。

英特尔最强之处就在于计算能力,在英特尔的押宝中,未来的手机终端也将是计算能力极强的产品,英特尔的优势还需要假以时日才能被用户接受。

对于业界唱衰PC的观点,杨叙并不认同。他认为,计算的能力仍是一个核心问题,也许今后终端形态看着像一个平板,但那时对平板计算能力要求比今天电脑要求还要强,才能体现它的效果。

计算,是英特尔的核心词,但无论是PC上的感知计算,还是手机上的超强计算,这些能力的落地还需要时间。

这还是未来,英特尔已经找到了方向,但还需要与时间赛跑,让自己前进的步伐超过市场变化的速度。

英特尔公司高级副总裁兼感知计算总经理邓慕理(Mooly Eden)演讲感知计算的那一场秀,是英特尔IDF大会上的最高潮,也让所有观众感觉到了未来科技的神奇。

邓慕理是一个非常有热情的人。邓慕理认为,感知计算就是:Natural(自然)Intuitive(直观)=NI(你),此外,感知计算的第三个关键词是

Immersive（身临其境）。

邓慕理在演讲中引领听众走到一个未来的空间中，未来的电脑变得更加智能，并且很贴心，知道我们在想什么，能读懂我们的身体，读懂我们的语言，甚至知道我们的想法。

英特尔对感知计算非常重视，甚至承载着英特尔复兴的梦想，但感知计算离真实还有距离。近日，《时代周报》记者对邓慕理进行了独家专访。

❝ 语音控制要突破语言瓶颈

时代周报：从语音控制、手势识别到生物指标控制，你所演示的感知计算非常神奇。在这其中，语音控制是感知计算中走得最快的。目前像百度等互联网企业也在主攻语音搜索。在你看来，语音技术真正走到用户应用当中，还需要多久？

邓慕理：英特尔今年就会推出带语音功能的产品，但是，我们认为，到底要花多长时间被市场全面接受，这要分两个阶段，第一个阶段是比较平的，但是到了第二个阶段，就是快速采纳期。

语音技术的发展跟触屏技术一样，当价格合适、应用足够多的时候，就会从原来的瓶颈期突然突破，就能够被用户快速采纳。

时代周报：语音控制技术目前还有哪些瓶颈？

邓慕理：语言识别的准确度非常重要。语音识别的技术分语言，比如英语、德语、普通话、广东话，这些都不一样。有可能这个技术只适合英文，但是不一定适合德文。我们分两个阶段，如果语言识别的准确率只是70%，大家可能头五天觉得很有意思、很好玩，但因为准确率不高，过了新鲜劲可能就不感兴趣了。到第二阶段要就达到99%的识别率，使计算机做到自然语言处理，我们把它简称为NLP的阶段。

也就是说，人和电脑之间的交流，就像人和人之间的对话，我们的软件包或者技术，它能进行环境的感知，能够模仿人脑去理解自然语言，而不是像以前人要学习电脑语言，才能可以跟机器进行交流。

时代周报：如何打造语音控技术的生态链？

邓慕理：目前不止英特尔一家在开发语音技术，英特尔正在打造一个大的生态系统，其中很多的合作伙伴跟我们一起做，比如中国的本土公司科大讯飞，他们是为我们来做中国的语言识别体验。对于中文的识别，不能在美国去做，应该是在贴近中国市场的地方来做。

在北京的这几天，我走访了一些中国做不同领域的感知计算的公司，他们的创新让我非常惊喜。我们一起合作将会是非常有前景的、颠覆性的技术。

感知计算是未来

时代周报：英特尔对感知计算非常重视，感知计算将是科技产业的未来方向吗？在感知计算领域，英特尔要想扮演怎样的角色？

邓慕理：在感知计算这一类的项目上，英特尔确实要做引领的主导型厂商。事实上，英特尔一直以来，也以推动先进技术的普及而知名。比如，在2003年推出迅驰芯片的时候，当时就内置WiFi功能。当时WiFi并未普及，人们都在笑话我们，"WiFi，这怎么可能？"但是，你看，现在WiFi覆盖率已经非常高，我们确实把愿景变成了现实。

下一步为了实现感知计算的体验，英特尔会和整个生态系统去合作，无论是云计算，还是在网端的，都会做一些推动的事情。感知计算是一种协同的技术，大数据、摄像的面部识别等，所有技术要联合起来。

时代周报：未来感知计算还能做哪些事？还会有哪些神奇之处？

邓慕理：我们希望感知计算技术非常性感、非常的酷，它是很棒的技术，引发人们对技术的热情。将来，最时尚的人去商店里买电脑的时候就会问：你这上面有感知计算的能力吗？我能有三维的体验吗？比如说，三岁的小孩都能玩，十岁的小孩看到一个电影，把这个主角的头换成他自己的。像我一个以色列人，我看中国人都一样。比如有一个应用，在眼镜上安一个小的摄像头，当我看到一位中国女士，我的眼镜上的摄像头，捕捉到她的面部识别，然后，在我的镜片显示，上次见她是什么时候，这个人叫什么名字，上次见面说了什么，开玩笑地说，这就像特工。

❛ 英特尔需要"疯"一下

时代周报：PC市场呈现疲软态势，英特尔也在向平板领域进军。但英特尔在平板领域有点晚，未来会如何开拓英特尔的平板市场？

邓慕理：其实在2009年时，整个行业都没有预见到平板电脑会以这样快的速度兴盛起来，英特尔也没有预见到，苹果公司也没有预见到。英特尔在这方面本应该行动得更迅速一些，做得更好一些。但现在既然看到了这个市场，即使来晚了，我们也选择进入平板这个市场。平板市场对英特尔来说，我们划成了两部分，一个是高端的平板电脑，我们使用酷睿的芯片，做高端的平板电脑。另外，在入门级的平板电脑方面，英特尔正在开发一个专业的架构，专门的架构来供更低的功耗、更高的性价比。英特尔的特点就在于，我们可以去支持各种操作系统，像安卓。还有人更愿意用传统的系统，比如Windows，我们也可以支持。很快我们也可以支持其他的操作系统。

时代周报：英特尔是PC领导者，但随着苹果、谷歌的兴起，英特尔被认为"老"了。在这次IDF大会上,英特尔是不是试图通过感知计算再次引领行业发展?你是一个很酷的人,总是戴着贝雷帽。你认为,在移动时代,英特尔应该具有什么样的气质?

邓慕理:如果把英特尔比拟为人的话,英特尔已经是一个成熟的成人。事实上,有的时候我们认为,即使是成年人,也有发点小疯的权利,你要创新,要敢于梦想,敢于承担风险。我希望,英特尔有了感知计算,两三年之后再看英特尔,你会发现,英特尔是世界上规模最大的成长型企业。

(原文刊发于《时代周报》2013年4月19日第229期)

人工智能真正爆发的前夜到来

陆一夫

> 科大讯飞深耕中文语音识别，构建基于人工智能的全新互联网交互生态，核心技术与产业的深度结合，科大讯飞成绩瞩目。

随着云计算和大数据的爆发式发展，人工智能再次站到了互联网时代里的浪潮之巅。在中国，越来越多的互联网公司加入到追逐人工智能的赛道上，但成绩最耀眼的并不一定是BAT，而是科大讯飞——基于拥有自主知识产权的世界领先智能语音和人工智能技术，科大讯飞已占有中文语音技术市场70%以上市场份额，是当之无愧的明星公司。

而由*MIT Technology Review*评选的全球50大最聪明企业榜单中，科大讯飞首次上榜就名列全球第六，在同期上榜的中国公司中位居第一。

胡郁就是这家人工智能公司的联合创始人之一。1999年，胡郁与其他创始人共同创立了科大讯飞，现任科大讯飞执行总裁、消费者事业群总裁在很长一段时间里，他带领的科研团队在讯飞超脑计划上取得了丰硕的研究成果，引领科大讯飞走在世界人工智能技术前沿。直至去年年底，胡郁卸去讯飞研究院院长一职，转而担任科大讯飞新成立的消费者事业群总裁。

从实验室研究走向大众消费者，胡郁在这个角色的转变中有自己的思考。目前科大讯飞成立了智慧教育、智慧城市和消费者三大事业群，这既是科大讯飞的核心业务构成，也是公司生态圈层建设的重要组成部分。而胡郁去年还担任了科大讯飞的轮值总裁，对公司整体的经营情况和运作起到整体把控作用。

在他的带领下，科大讯飞建立了基于人工智能的混合正交商业生态体系，涉及智慧家庭，声音商品化，语音云平台，广告平台等多项业务，并发布了讯飞输入法、灵犀、讯飞等产品。截至2017年4月，讯飞开放平台在线日服务量超35亿人次，合作伙伴达到30万家，用户数超10亿，以科大讯飞为中心的人工智能生态正在逐步构建。

在第二届企业创新生态圈大会暨时代财经-诺奖经济学奖论坛举办前夕，胡郁接受了《时代周报》记者的专访。他向记者表示，目前互联网和移动互联网的发展为人工智能的崛起奠定基础，也让中美两国成为世界上唯二两个既拥有AI技术准备，又拥有互联网和移动互联网基础设施和产业构型的国家。核心技术与产业的深度结合，让现在成为人工智能真正爆发的前夜。

时代周报：在科大讯飞的人工智能应用里，语音是最为外界所熟知的部分，但您在最近的采访里谈到，科大讯飞并不仅仅是一家语音公司。在语音之外，科大讯飞是否也计划打造像苹果这样软硬结合的公司？还是说追求像安卓这样的开放系统模式？

胡郁：作为亚太地区最大的智能语音和人工智能上市公司，从成立至今，科大讯飞在智能语音和人工智能领域已经深耕了十八年。随着移动互联网时代的到来，科大讯飞在2010年就率先发布了全球首个提供移动互联网智能语音交互能力的讯飞开放平台，并持续升级优化。讯飞开放平台全面开放业界最领先的语音合成、语音识别、语音唤醒、人脸识别、麦克风阵列等10多项核心能力，旨在构建全新移动互联网语音及交互生态。

科大讯飞的生态体系框架已经确立，第一层是围绕讯飞超脑，各事业群、事业部主导的方向，构成了核心层，也是上市公司的核心业务构成；第二层是在一些探索性方向，通过科大讯飞、战略投资者、业务团队共同参股的方式对新业务方向进行孵化；再往外围是30万家的创业者，这样就形成了更大范围的围绕科大讯飞核心技术的产业生态。科大讯飞会按照这个生态的道路不断地往下去推动。

时代周报： 2016年底，科大讯飞新成立了智慧城市、智慧教育和消费者业务三大事业群，您也从研究院院长一职转而担任消费者事业群总裁，对于您来说这样的转变过程里有哪些思考和体会？

胡郁： 我虽然不再担任研究院的院长，但是讯飞设立了一个核心研发平台，把从联合实验室到AI研究院，从核心技术引擎开发、云平台架构及服务提供、资源制作等进行整合，我现在作为公司的领导分管核心研发平台。

另一方面，科大讯飞新成立的三个事业群——智慧教育、智慧城市和消费者事业群，我现在是消费者事业群的总裁，消费者事业群业务范畴包括手机、电视、车载、玩具、机器人、智能家电、智能家居VR、穿戴式设备，包括讯飞开放平台、广告业务都属于消费者事业群的范畴。2016年我是公司的轮值总裁，理论上要对整个公司的经营情况和运作起到整体把控作用。

时代周报： 在和硬件厂商合作时，科大讯飞最重视的是什么因素？目前像手机、电视等细分领域里，哪些产品对语音交互的需求最大？

胡郁： 语音交互可以分场景来看，要具体了解是在哪种场景下。在汽车里面会发现讯飞的飞鱼助理语音使用率高达50%-75%，这种情况下只能通过语音交互，比所有的手段都有效。但是在手持手机触摸交互方面，语音的使用率不同公司的数据可能不一样。汽车只是现在能看到必须使用语音输入的一个地方。

在将来越来越多的物联网时代场景里，语音为主、智能交互为辅的时代越来越成为可能。这点不仅是我们，也有越来越多大公司的战略正在往这里走，要做决策是非常难的。但大公司真正作出了决策，说明很多人早就提出过，而且证明战略上这个事情是非常重要的。

时代周报：目前几乎所有的互联网公司都在追逐人工智能，甚至包括一些传统行业也在布局，这是否说明行业开始出现泡沫？过去人工智能领域也曾出现过两次"寒潮"，这次是否也会面临同样的挑战？

胡郁：人工智能改变世界的过程，需要在一个又一个的领域来进行应用的创新，并且通过跟领域专家的结合来获得行业的数据。这决定了人工智能产业不是一家公司可以包打天下的，必须要建立产业生态。产业生态的好坏、建设的快慢，决定了一个企业或者一个国家人工智能产业发展的进程。

对于科大讯飞来说，我们的生态体系框架已经非常明确。第一层是围绕讯飞超脑，各事业群、事业部主导的方向，这构成了我们的核心层，也是上市公司的核心业务构成；第二层是在一些探索性方向。在这一层风险与机遇并存，但是作为一个上市公司，不可能在所有探索性方向都做前期风险投入；再往外围的第三层是30万的创业者，这样形成了更大范围的围绕科大讯飞核心技术的产业生态，我们会按照这个生态的道路不断往下去推动。

今年是人工智能诞生的第61年，人工智能发展的路并非一帆风顺，历经了三次浪潮。1956年后，人们认为AI很快能够满足大家的需求，但当时计算机速度很慢、存储量很小，人们也意识到人的智能思维过程不能单纯依靠符号表示。这一阶段，中国并没有参与。

20世纪80年代，随着个人电脑的发展，人工智能再次引起了大家的关注。美国推出"星球大战"计划，欧洲提出"尤里卡计划"，日本提出"第五代计算机"，中国当时则发起了863计划，第一次开始进行研究人员的培养和补充。

到了20世纪90年代末，互联网信息化技术已经可以帮助人们解决很多实际问题，但人工智能却无法达到这样的程度，于是人工智能又再次陷入了低谷。但在这期间，中国已经储备了从事人工智能科学研究的人才。

现在，互联网和移动互联网的发展为人工智能的崛起奠定基础，也让中美两国成为世界上仅有的两个既拥有AI技术准备，又拥有互联网和移动互联网基础设施和产业构型的国家。目前，核心技术与产业的深度结合，让现在成为人工智能真正爆发的前夜。

（原文刊发于《时代周报》2017年7月18日第449期）

VR是一场"先有蛋还是先有鸡"的博弈

陆一夫

> VR有发展潜力，但仍待爆发。爆款内容和硬件销量何者能成爆发点，业界仍在探索中。

宛如《星球大战：原力觉醒》里描绘的场景，整个世界通过科技黏合在一起，我们的生活也被各种酷炫科技包围和渗透，比如VR。

VR不仅是创业圈的宠儿，也是影视和游戏公司卖力布局的重点方向，但它还没有改变社会。未来VR仍将是最重要的"发展中技术"。VR设备将进行2-3次迭代更新，并带来更加舒适的体验。

与此同时，苹果、三星、小米、华为、vivo、金立等国内外手机商均推出形态不同、价格各异的全面屏新品，全面屏被视为手机行业的下一个风口。人工智能也将会越来越"聪明"，并逐步应用到各种软件和服务中去。

还有那些带来全新体验的科技产品，我们很难判断影响最深远的究竟是哪种技术，但毫无疑问，它们中的一些，会给人类社会来潜移默化的影响。

每年7月底的上海，是China Joy的举办地，也是全国游戏和影视厂商集中亮相的泛娱乐盛会。但2017年的China Joy，VR不再成为主角，取而代之的是游戏电竞和直播。只有在某些高峰论坛上，让人还听到关于VR的前沿消息。

没有人否认VR的发展潜力，但事实是在技术仍未进步至成熟阶段前，VR的爆发还需要等待较长时间。

三七互娱创始人李逸飞此前在接受《时代周报》记者采访时表示，VR真正走进千家万户，甚至改变人类的生活，前提是硬件设备要足够便宜，距离这一目标预计还需要三年的时间。

在市场整体降温的背后，是VR陷入到"先有蛋还是先有鸡"的窘境。缺少爆款内容产品，VR设备即使降价也难以带动销量；没有硬件销量作为支撑，游戏研发者也不愿意将资金和精力投入到VR领域里。

何时才能结束这种恶性循环？或许能够拯救VR的不仅仅是资本所能完成的任务，人才的培育、商业模式的探索都需要时间去积累。正如扎克伯格在早前的投资者电话会议上所言，VR是Facebook未来重点投入的技术之一，但短期内不依赖VR的营收。"在接下来的10年里，我们会围绕技术开发消费者用例，这是我们未来的重要组成部分，但在这段时间里，这些技术产品不会成为我们营收的重要组成部分。"

❝ 陷入低潮期

VR从理想走进现实世界的路还有多长？这个问题的答案曾经以为是2016年，但很显然答案并不正确——如今2017年即将结束，VR却没有如期爆发。

时间回溯至2014年3月，Facebook以20亿美元的天价收购Oculus，点燃了VR的资本热情。自此，VR正式走进大众视野，并成为投资者眼中的新风口。

而2015年被视作是中国的VR元年。这一年，大量资金进入国内的VR市场，创业公司如雨后春笋般涌现。公开数据显示，2013年国内的VR公司有30家，但2014年这一数字上升至70家，2015年更是达到175家。

2016年，Oculus Rift、HTC Vive以及PlayStation VR的诞生正式启动

VR市场，国内互联网巨头也积极进场，分别围绕硬件和内容两大维度进行布局，如暴风集团、乐视、爱奇艺和BAT等都将VR作为新业务进行投资和培育。

然而距离Oculus被Facebook收购已经过去三年时间，除了资本的疯狂涌入外，VR市场似乎并未发生过太大的变化。根据TrendForce的预测，2016年全球VR设备出货量预计将达到291万部（不包括移动VR）。2017年将达到510万部，增幅75%。但实际上，以Oculus Rift、HTC Vive以及PlayStation VR为主流的VR设备，在2016年合计售出只是155万台左右。

与此同时，研究机构也在调低对VR的期望值。数据分析公司SuperData曾在去年初预测，2016年VR市场总产值将达51亿美元，不过在去年底的报告中，这一数字已经跌至27亿美元。

在国内，VR的降温速度也远超预期，除了乐视受困于资金链外，暴风、BAT和众多硬件厂商也放慢了VR设备的迭代速度，进入2017年以来，市场上几乎没有再有太多VR新品面世，而手机、影视和游戏厂商也不再将VR作为宣传重点。

此前有业内人士向《时代周报》记者指出，虽然目前VR设备以移动VR头显为主，但是缺乏核心技术，产品容易出现同质化，而真正具有竞争力的VR一体机却没有太多厂商推出。他预计，今年将会有更多的创业团队出现倒闭和裁员，VR行业的洗牌仍在继续进行中。

向死而生

尽管目前陷入寒冬中，但科技界人士仍乐观认为，VR将是未来互联网最大的变革。

HTC是最新一个入局者，它甚至抛弃传统的智能手机业务，选择在VR上All in。9月21日，HTC与谷歌共同宣布签署协议，HTC将以11亿美元的价格向谷歌出售手机业务，原参与制造谷歌Pixel手机的HTC成员加入谷歌，此外HTC也将其知识产权非专属授权予谷歌使用。

这意味着未来HTC将全力进军VR领域，与谷歌合作有望助推HTC重登世界的舞台。王雪红表示，这次和谷歌共同签订此协议代表双方长期稳定的合作伙伴关系再次迈出稳定的一大步。

硬件设备的销售量没有达到预期，但VR内容的增长却极为迅猛，其中影视、游戏最受用户欢迎。根据YiVian对Oculus Home、Steam、Viveport以及PlayStation Store四个内容分发平台的统计数据，消费者内容（游戏+应用）在2015年仅为213款，而到2016年底这个数据达到了2378款，翻了11倍，增长率高达1016%。

不过阻碍VR影视和游戏研发的因素仍然存在，例如沉浸感太强、用户使用VR的时间有限、研发成本过高等，因此这些VR内容的变现方式必须有所改变。早前天神娱乐创始人朱晔在接受《时代周报》记者专访时曾表示，目前大部分游戏还是让用户免费玩，在他们玩的过程中，随着时间的推移实现用户付费，但如果沉浸感如此之强，用户不能玩时间那么长，就会变成游乐设施。

于是内容付费将有望成为VR主要的商业模式。暴风魔镜CEO黄晓杰就曾表示，VR内容收费是主流，今年暴风魔镜会将平台上的优质内容进行收费，其中游戏领域收费将会成为一个突破口，平台上已经有用户愿意为游戏进行付费。

三七互娱创始人李逸飞也向《时代周报》记者指出，VR在不同的发展阶段，它最核心的东西是不一样的。"就像智能手机在iPhone出现之前，没有人知道什么对智能手机行业发展是最重要的，但当iPhone出现之后，硬件就是它最关键的东西。当大家做出来的硬件都差不多的时候，最核心的东西就变成内容，你能给持有硬件的用户提供更多的增值服务的内容。"

　　在市场整体降温后，部分VR平台也开始将目光瞄向企业级市场，以"VR+"的形式接入垂直行业成为目前平台暂时的生存渠道，例如可以为房地产、家装、教育、旅游等行业做应用内容开发，以及为广告主提供VR广告服务等。

　　值得注意的是，相比起游戏、影视、社交等泛娱乐消费，企业级始终是一个缺乏爆发性的市场，这也是BAT和Oculus等巨头仍愿意重资加码VR硬件和游戏的主要原因。或许对于创业公司而言，放弃巨头正面竞争，转而寻找新方向成为可行的出路。

　　　　　　　　（原文刊发于《时代周报》2017年10月3日第460、461期）